collection Pixel Memo

Publisher 2016

ISBN : 978-2-409-00800-9
Imprimé en France

Editions ENI
Zac du Moulin Neuf
Rue Benjamin Franklin
44800 St HERBLAIN

Tél. 02.51.80.15.15
Fax 02.51.80.15.16

e-mail : editions@ediENI.com
http://www.editions-eni.com

Auteur : Corinne HERVÉ
Collection dirigée par Corinne HERVO

Avant Propos

Cet ouvrage a été conçu pour vous aider à retrouver rapidement les principales fonctions offertes par le programme de Publication Assistée par Ordinateur **Microsoft Publisher 2016**. Les manipulations sont détaillées et illustrées dans le but de faciliter leur application. Vous trouverez dans les dernières pages de cet ouvrage un **index thématique**.

Tout au long de ces pages, nous avons adopté les conventions typographiques suivantes :

Ce style de caractère est utilisé pour :

gras indiquer une option du menu ou d'une boîte de dialogue à activer.

italique un commentaire ou une remarque.

⭾ symboliser les touches du clavier ; lorsque deux touches sont placées l'une à côté de l'autre, vous devez appuyer simultanément sur les deux touches.

Le symbole introduit :

▷ la manipulation à exécuter (activer une option, cliquer avec la souris...)

⇨ une remarque d'ordre général sur la commande en cours.

Table des **Matières**

TEXTE

MISE EN FORME DU TEXTE

INSERTION D'OBJETS

GESTION DES OBJETS

IMPRESSION

MAILING

FONCTIONS AVANCÉES

1.1 Généralités

A- Lancer/quitter Publisher 2016

- Sous Windows 10, cliquez sur le bouton **Démarrer**, faites défiler si besoin est la liste des applications puis cliquez sur **Publisher 2016**.

  *Si Publisher a été utilisé dernièrement, l'option **Publisher 2016** apparaît en haut de la liste (**Les plus populaires**).*

  Vous pouvez également cliquer directement sur la vignette **Publisher 2016** visible sur la page d'Accueil.

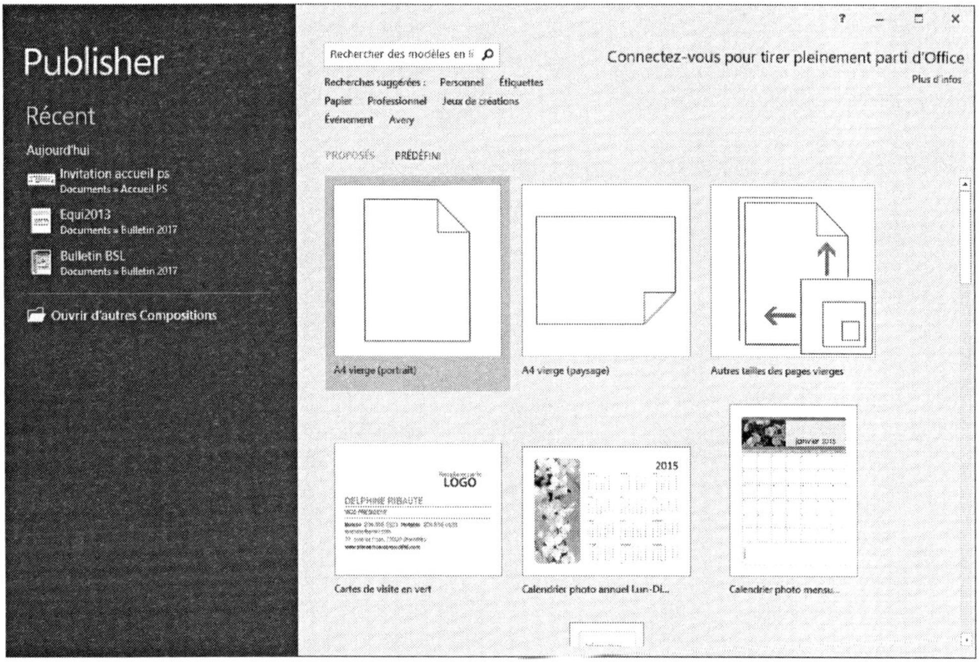

Vous visualisez l'écran de démarrage : Publisher vous propose de créer une nouvelle composition ou d'ouvrir une composition existante.

- Pour créer une nouvelle composition, cliquez sur un des modèles proposés puis cliquez sur **Créer** (cf. 2.1 - A - Créer une composition).
- Pour ouvrir une composition existante, cliquez sur une des compositions récemment utilisées ou cliquez sur **Ouvrir d'autres Compositions** pour choisir une autre composition.
- Pour quitter, cliquez sur le bouton de fermeture ✕ ou tapez Alt F4.

B- Description de l'écran

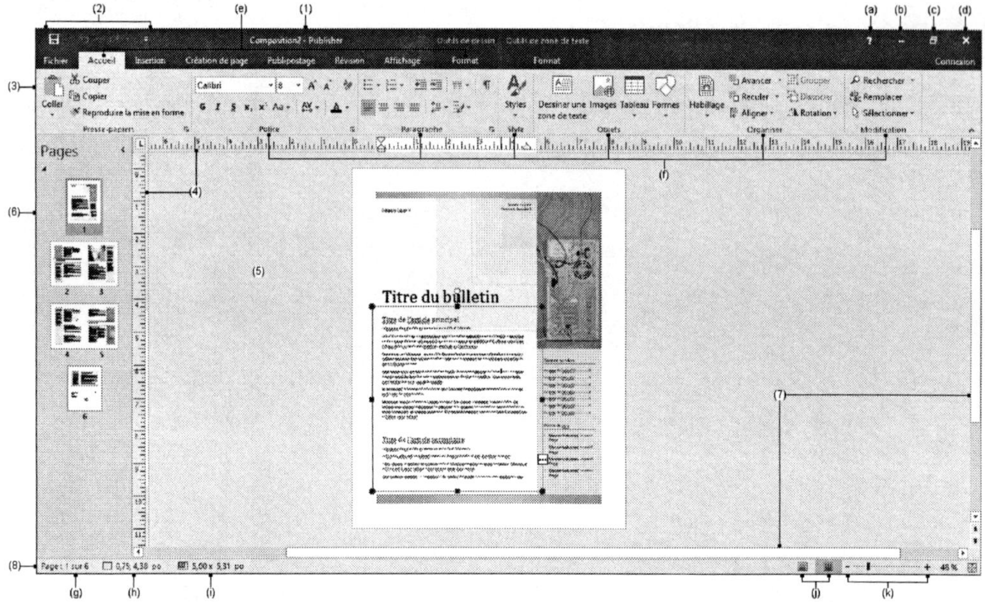

(1) La **barre de titre** contient le titre de la composition, le nom de l'application, le bouton **Aide sur Microsoft Publisher** (a), les boutons **Réduire** (b), **Niveau inférieur** (ou **Agrandir**) (c) et **Fermer** (d).

(2) La **barre d'outils Accès rapide** contient quelques outils permettant d'utiliser des fonctions essentielles telles que l'enregistrement ou l'annulation des manipulations.

(3) Le **ruban** regroupe les fonctionnalités de Publisher, il existe depuis la version 2010 et remplace les menus des versions précédentes de Publisher. Il est organisé en **onglets** (e), chaque onglet est composé de **groupes de commandes** (f) ; sur certains groupes, l'icône , appelée **Lanceur de boîte de dialogue**, permet d'afficher la boîte de dialogue associée à la fonction.

(4) Les **règles** sont au nombre de deux : une règle horizontale et une règle verticale. Elles peuvent être déplacées ou masquées.

(5) Le **plan de montage** ou plan de travail est un endroit en dehors des pages (donc non imprimable) qui permet de stocker temporairement des éléments (dans le but de les déplacer sur une autre page, par exemple).

(6) Le volet **Navigation de page** affiche les différentes pages de la composition ; sa largeur est modifiable, il peut être masqué.

(7) Les **barres de défilement** permettent de faire défiler l'espace de travail.

(8) La **barre d'état** contient le bouton permettant d'afficher ou de masquer le volet Navigation de page (g), les indicateurs de position (h) et de dimension (i) des objets, les boutons d'affichage **Page unique** et **Page double** (j) et les boutons de modification de zoom (k).

⇨ *Les informations visibles sur la barre d'état sont paramétrables par un clic droit sur la barre d'état.*

C- Utiliser/gérer le ruban

Le ruban regroupe la majorité des commandes de l'application ; il remplace les menus des versions antérieures à la version 2010 de Publisher.

▷ Pour afficher le contenu d'un onglet, cliquez sur l'onglet correspondant : le fond de l'onglet actif apparaît d'une couleur plus claire que celle des autres onglets.

Chaque onglet est divisé en plusieurs groupes.

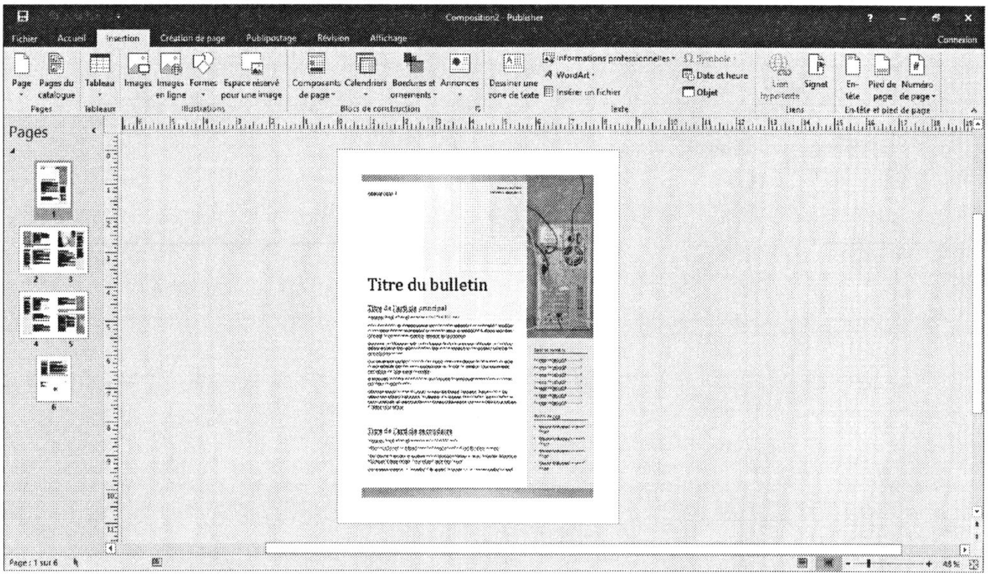

Sous l'onglet ***Insertion****, vous visualisez les boutons permettant d'insérer divers types d'objets dans une composition : des pages, des tableaux, des illustrations... Ces boutons sont répartis dans sept groupes :* ***Pages****,* ***Tableaux****,* ***Illustrations****,* ***Blocs de construction****,* ***Texte****,* ***Liens*** *et* ***En-tête et pied de page****.*

▷ Pour afficher un texte descriptif, pointez l'icône ou le bouton pour lequel vous souhaitez avoir des informations.

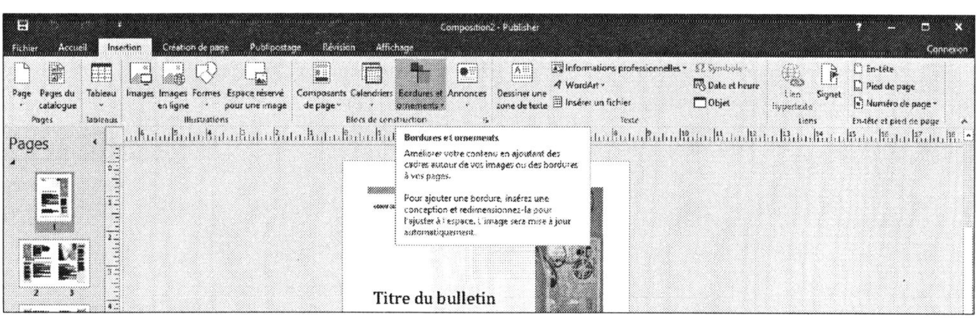

Par défaut, le texte explicatif s'affiche dans une info-bulle.

▷ Pour faire disparaître l'info-bulle, déplacez la souris en dehors du ruban.

▷ Pour réduire le ruban afin de disposer de plus d'espace à l'écran, cliquez sur le bouton **Réduire le ruban** situé à droite des onglets ou faites un double clic sur un onglet ou encore utilisez le raccourci-clavier Ctrl F1.

Seuls les onglets sont alors visibles à l'écran ce qui permet d'augmenter l'espace réservé au document.

Lorsque vous cliquez sur un onglet, le ruban réapparaît, le symbole s'affiche à droite des onglets, il permet d'afficher de nouveau le ruban en permanence.

Un double clic sur un onglet (ou Ctrl F1) permet de réafficher le ruban en permanence.

▷ Pour afficher la boîte de dialogue ou le volet Office associé à un groupe, cliquez sur le bouton (appelé **Lanceur de boîte de dialogue**) visible dans la partie inférieure droite du groupe de commandes concerné.

⇨ *Selon la résolution de votre écran, les options du ruban peuvent être présentées différemment. Par exemple, les options d'un groupe peuvent être regroupées dans un bouton ou encore, le libellé d'un bouton peut ne pas être visible.*

D- Découvrir l'onglet Fichier

*L'onglet **Fichier** regroupe les commandes relatives à la gestion des fichiers (ouvrir, créer, enregistrer, afficher les propriétés...) ainsi que les options de configuration de Publisher.*

▷ Cliquez sur l'onglet **Fichier**.

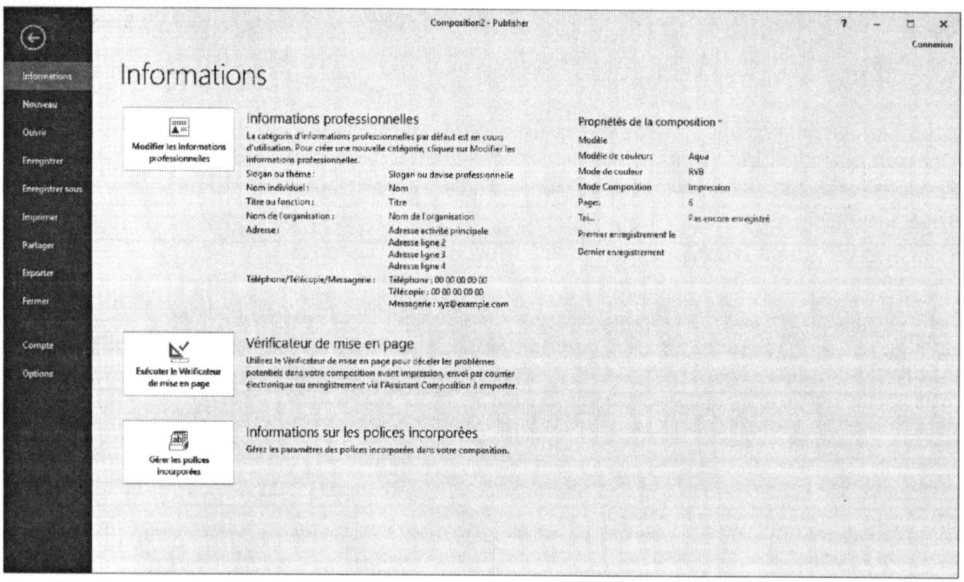

*La fenêtre qui apparaît se superpose intégralement à celle de Publisher, votre document n'est plus visible. Le volet de gauche contient des options, il rappelle le menu **Fichier** de la version 2007.*

- Pour retrouver votre document sans exécuter de commande, cliquez sur le bouton .

E- Annuler les dernières manipulations

- Pour annuler la dernière manipulation, cliquez sur l'outil de la barre d'outils Accès rapide ou tapez Ctrl **Z**

  Une fois que vous avez annulé votre manipulation, Publisher vous permet de rétablir la manipulation annulée à l'aide du bouton ou du raccourci-clavier Ctrl ***Y****.*

- Pour annuler plusieurs manipulations, cliquez sur le triangle visible à droite de l'outil puis cliquez sur la dernière des manipulations à annuler :

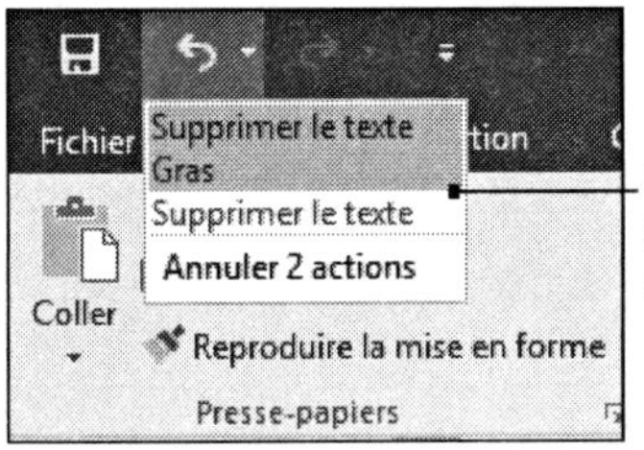

en cliquant ici, les deux dernières actions seront annulées

⇨ *De la même façon, le triangle associé à l'outil permet de rétablir une ou plusieurs manipulations.*

1.2 L'affichage

A- Afficher/masquer les règles et repères

- Pour afficher ou masquer les règles horizontale et verticale, cochez ou décochez l'option **Règles** de l'onglet **Affichage**.
- Pour afficher ou masquer les bords de la page et les bords des objets qui s'y trouvent, cochez ou décochez l'option **Limites** de l'onglet **Affichage** ou utilisez le raccourci-clavier Ctrl ⇧ **O**.
- Pour afficher ou masquer les repères de mise en page (en bleu) et les repères de règle (en vert), cochez ou décochez l'option **Repères** de l'onglet **Affichage**.
- Pour afficher des lignes horizontales représentatives de chaque ligne de texte, cochez l'option **Lignes de base** de l'onglet **Affichage** ou utilisez le raccourci-clavier Ctrl F7.

  Ces repères facilitent l'alignement des lignes de base du texte lorsque celui-ci est disposé dans plusieurs colonnes.

⇨ *Reportez-vous à la section 2.4 - Les pages maîtres pour avoir plus d'informations sur l'utilisation des repères.*

B- Gérer les règles

▷ Pour déplacer une règle, pointez la règle à déplacer, appuyez sur la touche ⇧ et faites glisser la règle jusqu'à son nouvel emplacement.

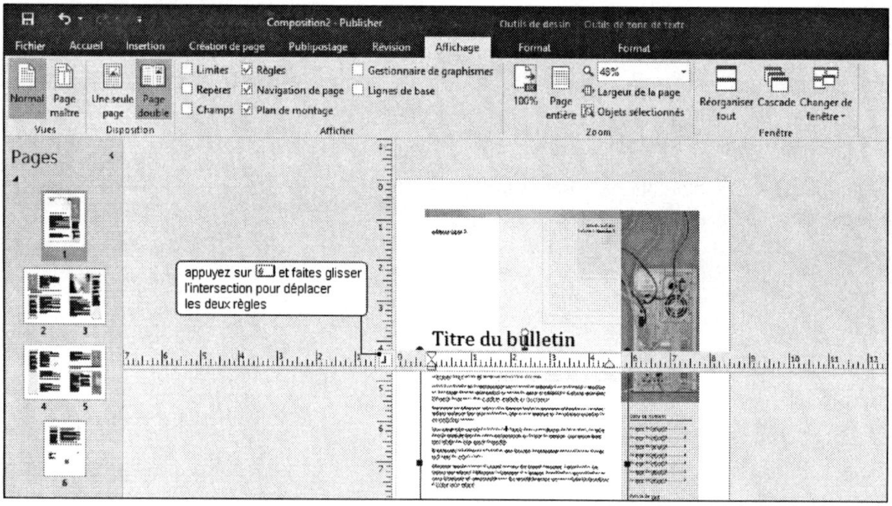

▷ Pour déplacer l'origine de la règle, pointez la règle concernée, appuyez sur la touche ⇧, cliquez avec le bouton droit de la souris et tout en maintenant la touche ⇧ enfoncée (le pointeur de la souris prend cet aspect ⇔ ou celui-ci ⇕) effectuez un cliqué-glissé jusqu'à la position voulue.

▷ Pour déplacer le point zéro des deux règles en même temps, pointez l'intersection des deux règles et réalisez un ⇧ cliqué-glissé avec le bouton droit de la souris.

▷ Pour rétablir l'origine d'une règle, pointez la règle, appuyez sur la touche ⇧ (le pointeur de la souris prend cette forme ⇔ ou celle-ci ⇕) et faites un double clic.

▷ Pour rétablir l'origine des deux règles, pointez l'intersection des deux règles, appuyez sur ⇧ et faites un double clic.

C- Modifier le zoom d'affichage

▷ Vous pouvez utiliser les options de l'onglet **Affichage** - groupe **Zoom** :

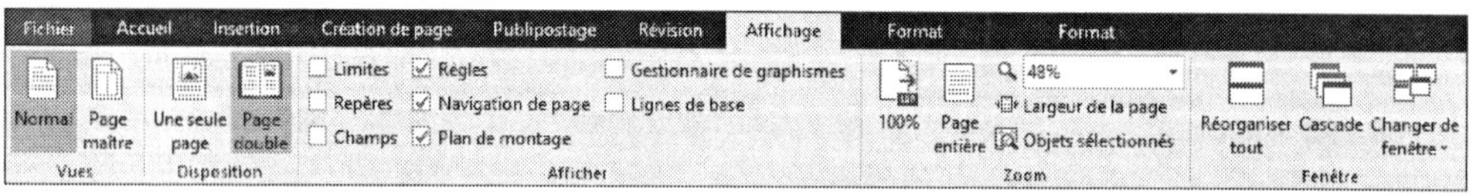

Sélectionnez le zoom à partir de la liste associée à l'outil 🔍 ou cliquez sur un des boutons du groupe **Zoom** : l'option **Largeur de la page** permet d'adapter le zoom de façon à afficher intégralement la largeur de la page et l'option **Objets sélectionnés** permet d'adapter le zoom en fonction des objets que vous avez sélectionnés.

- Vous pouvez aussi utiliser les boutons et curseur de zoom visibles sur la droite de la barre d'état :

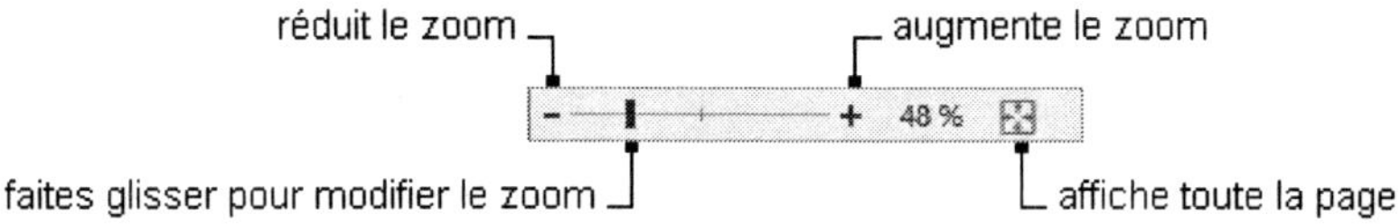

D- Afficher/masquer les caractères spéciaux

Il s'agit de visualiser (ou non) les caractères non imprimables tels que les espaces, les tabulations, les marques de fin de paragraphe.

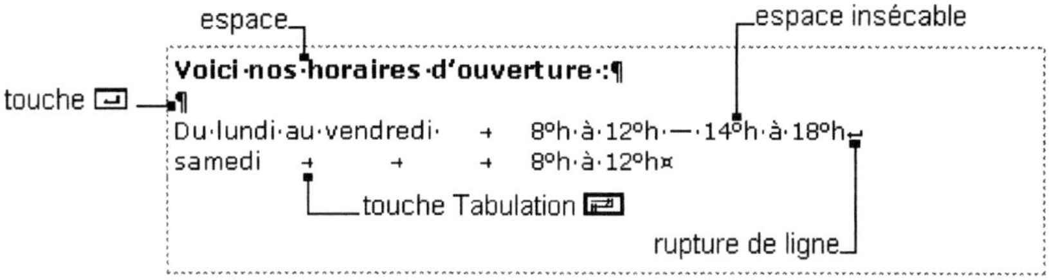

- Activez l'outil ¶ de l'onglet **Accueil** (groupe **Paragraphe**) ou utilisez le raccourci-clavier Ctrl ⇧ **Y**.

2.1 Les compositions

A- Créer une composition

Pour créer une composition, vous pouvez partir de rien en créant une composition vierge ou vous inspirer d'un modèle mis à votre disposition par Publisher ou créé par vos soins.

Créer une composition vierge

▷ Pour créer une composition vierge au format A4, cliquez sur l'onglet **Fichier** puis sur l'option **Nouveau** ou tapez Ctrl **N**.

Cliquez sur le modèle **A4 vierge (portrait)** ou **A4 vierge (paysage)**.

Le document créé ne contient qu'une seule page.

▷ Pour créer une composition vierge ayant un format de page autre que le format A4 (carte postale, carte chevalet, document devant être plié...), cliquez sur l'onglet **Fichier**, sur l'option **Nouveau** puis sur **Autres tailles des pages vierges**.

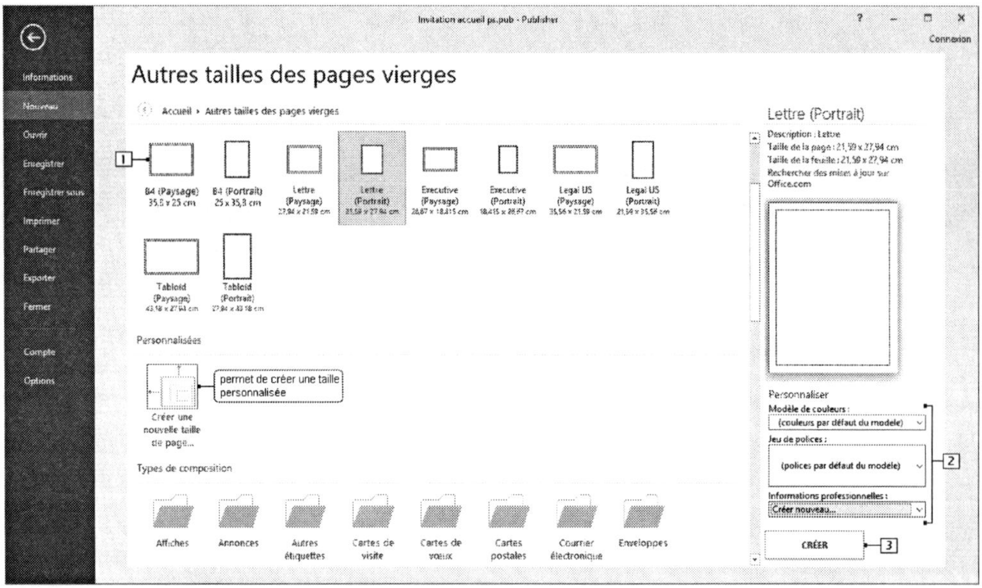

[1] Cliquez sur le type de composition vierge à créer.

[2] Modifiez, si besoin est, les options.

[3] Créez la composition.

Créer une composition à partir d'un modèle

▷ Cliquez sur l'onglet **Fichier** puis sur l'option **Nouveau** ou tapez Ctrl **N**.

▷ Pour créer la composition à partir d'un de vos modèles, cliquez sur le lien **PERSONNEL** visible dans la partie supérieure de la page d'accueil.

▷ Pour créer la composition à partir d'un des modèles prédéfinis installés sur votre ordinateur, cliquez sur le lien **PRÉDÉFINI** puis cliquez sur le type de composition à créer.

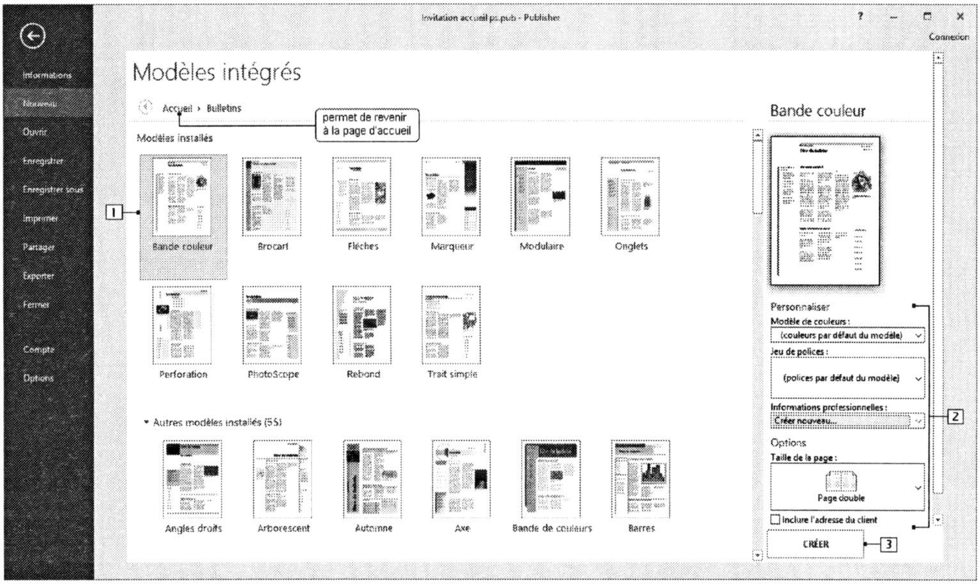

[1] Cliquez sur le modèle souhaité.

[2] Modifiez, si besoin est, les **Options** de la composition, le **Modèle de couleurs**, **Jeu de polices** et/ou **Informations professionnelles**.

[3] Cliquez sur le bouton **Créer**.

▷ Pour choisir un modèle sur le site Office.com, cliquez sur le lien **PROPOSÉS** visible dans la page d'accueil puis cliquez sur un des modèles.

Vous pouvez utiliser la zone de recherche pour rechercher des modèles à partir des mots-clés que vous saisissez.

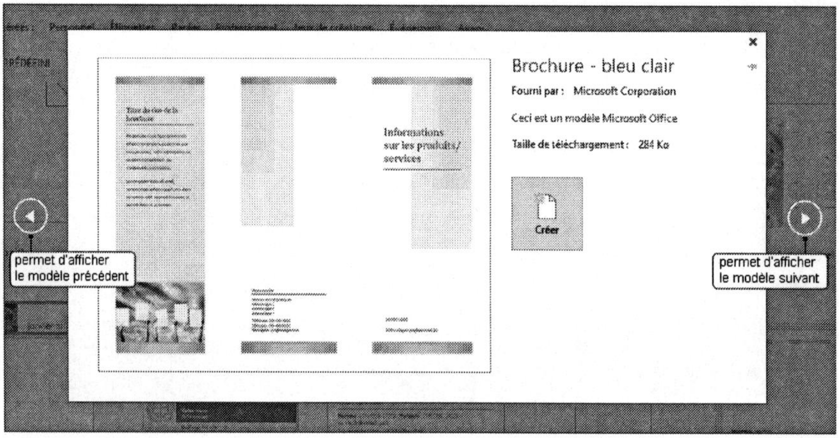

Cliquez sur le bouton **Créer**.

▷ Modifiez la composition comme vous le souhaitez (vous pouvez ajouter du texte, des images, des objets ou modifier les éléments de présentation tels que la disposition, le modèle de couleurs, le style, le jeu de polices...) puis enregistrez-la.

⇨ *Reportez-vous au titre D - Créer un modèle personnel, un peu plus loin dans ce chapitre, pour créer vos propres modèles.*

B- Ouvrir une composition

Si vous disposez d'un compte Microsoft (cf. 9.2 - A - Gérer les comptes utilisateur), vous pourrez accéder à OneDrive, l'espace de stockage en ligne proposé par Microsoft et ce, quel que soit l'ordinateur à partir duquel vous vous connectez.

▷ Cliquez sur l'onglet **Fichier** puis sur l'option **Ouvrir** ou tapez Ctrl **O**.

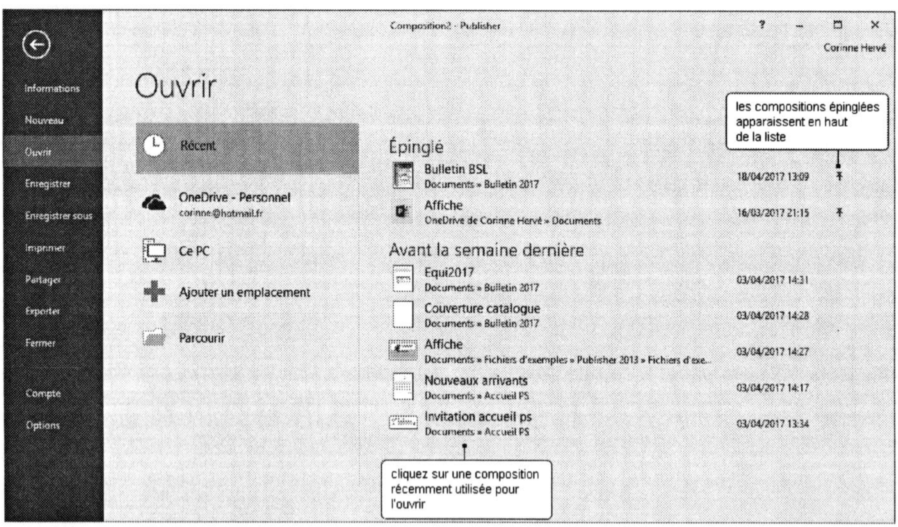

▷ Pour ouvrir une composition située sur OneDrive, cliquez sur l'option correspondante puis sur le dossier contenant la composition à ouvrir :

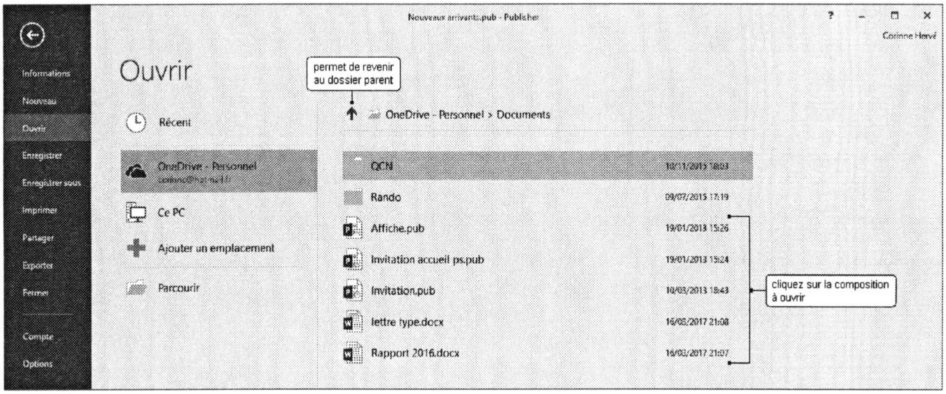

▷ Pour ouvrir une composition située sur votre ordinateur, cliquez sur le bouton **Ce PC**.

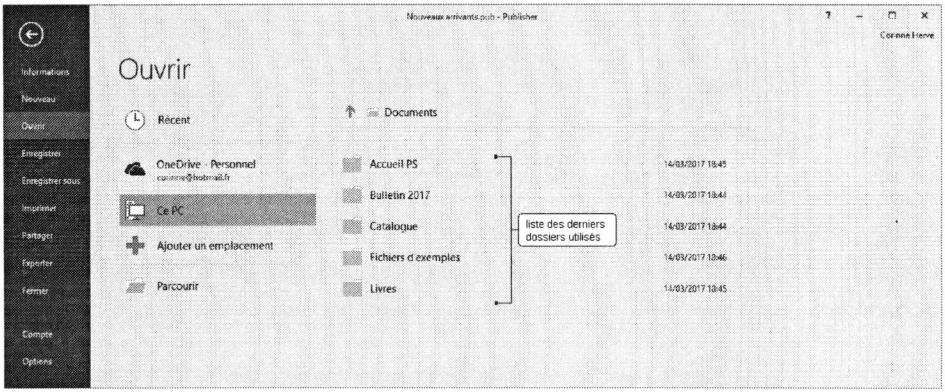

Cliquez sur le dossier contenant la composition à ouvrir.

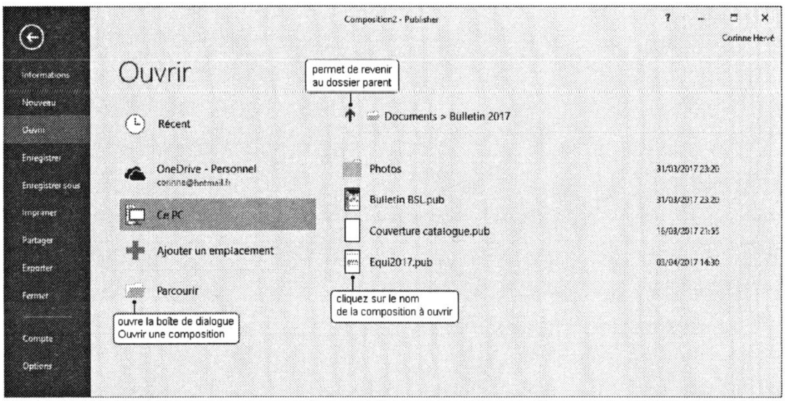

*Si la composition contient des polices qui n'existent pas sur votre ordinateur, la boîte de dialogue **Charger les polices** apparaît.*

▷ Pour substituer une police, sélectionnez-la puis cliquez sur le bouton **Substitution de polices**.

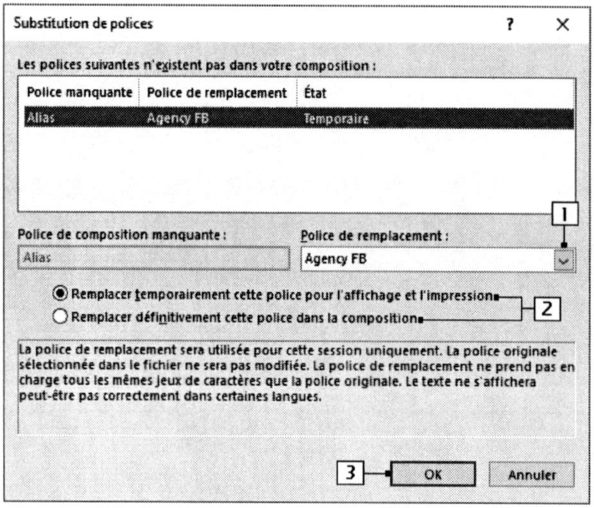

[1] Sélectionnez la police de remplacement.

[2] Indiquez si cette substitution est temporaire ou s'il faut remplacer définitivement cette police dans la composition.

[3] Cliquez sur **OK** deux fois.

⇨ *Vous pouvez ouvrir un document Word dans Publisher : dans la boîte de dialogue **Ouvrir une composition**, choisissez dans la liste située à droite de la zone **Nom de fichier**, le type de fichier **Word Document**.*

⇨ *Pour déplacer une composition dans la zone **Épinglé**, pointez-la puis cliquez sur le symbole de la punaise visible sur la droite de la sélection.*

C- Enregistrer une composition

Si vous disposez d'un compte Microsoft, vous pourrez enregistrer votre composition sur OneDrive, l'espace de stockage en ligne proposé par Microsoft. Ainsi, cette composition sera toujours accessible quel que soit l'ordinateur à partir duquel vous vous connectez.

Une nouvelle composition

▷ Cliquez sur l'onglet **Fichier** puis sur l'option **Enregistrer** ou cliquez sur l'outil  de la barre d'outils Accès rapide ou tapez le raccourci-clavier Ctrl **S**.

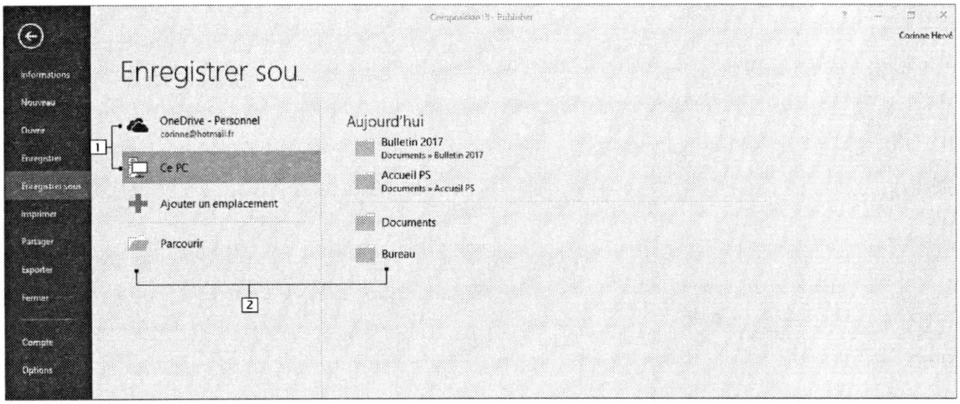

1 Activez l'option **OneDrive** si vous souhaitez enregistrer la composition sur l'espace de stockage en ligne associé à votre compte Microsoft. Activez l'option **Ce PC** pour enregistrer la composition dans un dossier sur votre ordinateur ou sur le réseau.

2 Choisissez un des dossiers proposés ou cliquez sur **Parcourir**.

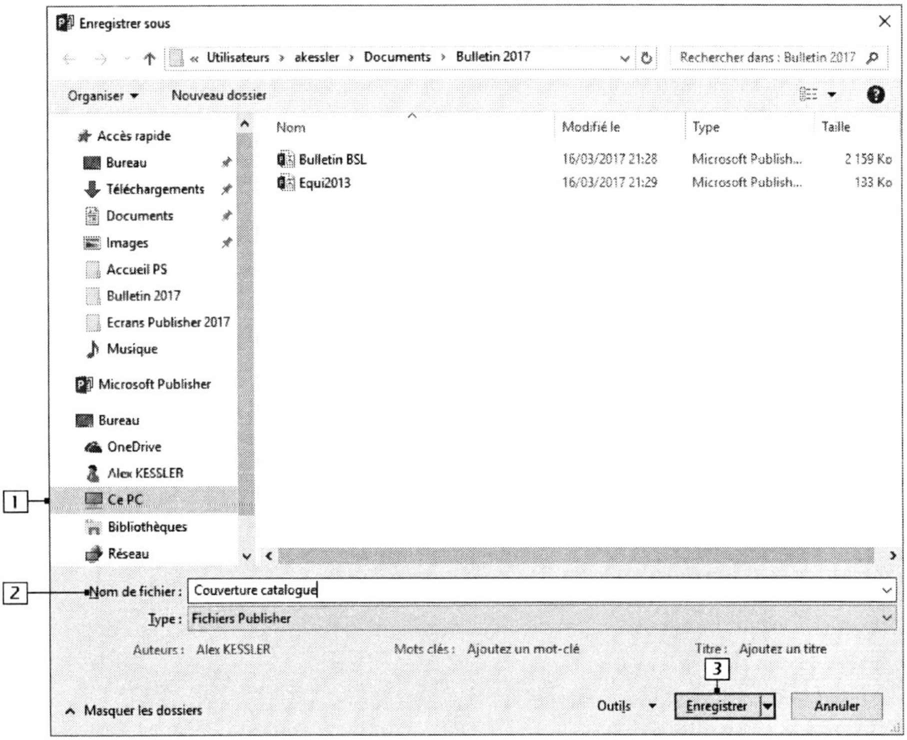

Les compositions Publisher possèdent l'extension .pub mais, selon les paramètres de l'Explorateur Windows, celle-ci peut être ou pas visible.

1. Choisissez l'unité puis le dossier dans lequel vous souhaitez enregistrer la composition.
2. Tapez le nom que vous souhaitez attribuer à votre composition.

   Vous pouvez saisir jusqu'à 255 caractères, espaces compris.
3. Cliquez sur le bouton **Enregistrer**.

⇨ *La commande **Fichier - Enregistrer sous** permet de dupliquer la composition active sous un autre nom.*

⇨ *Vous pouvez enregistrer un document Publisher au format Word en choisissant, dans la boîte de dialogue **Enregistrer sous**, le type de fichier **Word Document** ou **Word 97-2003 Document**.*

Une composition existante

▷ Onglet **Fichier - Enregistrer** ou  (barre d'outils Accès rapide) ou Ctrl **S**

⇨ *Pour que les polices TrueType soient incorporées dans la composition lors de son enregistrement, cochez l'option correspondante de la boîte de dialogue **Polices** (onglet **Fichier - Informations** - bouton **Gérer les polices incorporées**). De cette façon, les polices TrueType de la composition seront correctement affichées même si vous l'ouvrez sur un ordinateur qui ne possède pas ces polices.*

D- Créer un modèle personnel

▷ Créez la composition devant servir de modèle.

▷ Dans l'onglet **Fichier**, cliquez sur **Enregistrer sous**.

▷ Choisissez le lieu d'enregistrement (**OneDrive** ou **Ce PC**) puis cliquez sur **Parcourir**.

▷ Dans la liste déroulante **Type**, choisissez **Modèle Publisher**.

Le dossier proposé par défaut est le dossier Modèles Office personnalisés dont le chemin d'accès est C:\Users\nom d'utilisateur\Documents\.

▷ Précisez le nom du modèle puis cliquez sur **Enregistrer**.

*Le modèle sera alors disponible lors de la création d'une nouvelle composition lorsque vous cliquerez sur le lien **PERSONNEL**.*

⇨ *Pour modifier un modèle personnel, créez une nouvelle composition basée sur le modèle personnel, effectuez les modifications puis enregistrez la composition en tant que modèle.*

E- Modifier la mise en page d'une composition vierge

Après avoir créé une composition vierge (non basée sur un modèle prédéfini ou une composition existante), vous devez définir les différents éléments de la mise en page, de préférence, avant de remplir la composition de textes et d'images. Il s'agit de définir principalement : la taille de chaque page du document, l'orientation de l'impression, les éléments communs à toutes les pages : en-tête, pied de page, marges... (ces manipulations sont détaillées dans la section 2.4 - Les pages maîtres).

Si vous travaillez à partir d'un modèle, il est déconseillé de modifier ces paramètres, car la disposition des différents éléments prédéfinis du modèle sera perturbée.

▷ Cliquez sur l'onglet **Création de page** puis sur le bouton **Taille**.

▷ Choisissez un format de page prédéfini (l'option **Autres tailles de page prédéfinies** permet de retrouver tous les formats proposés lors de la création d'une composition) ou cliquez sur **Mise en page** pour définir un format personnalisé.

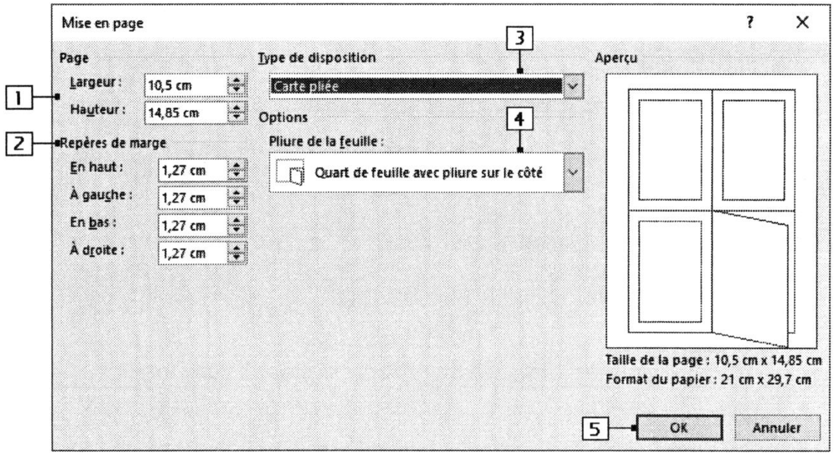

1 Modifiez, si besoin est, la **Largeur** et la **Hauteur** de la page.

2 Modifiez si besoin les marges à l'aide des options du cadre **Repères de marge**.

3 Sélectionnez un **Type de disposition** en fonction du document à réaliser.

4 Définissez les **Options**.

5 Cliquez sur **OK**.

⇨ *Si vous souhaitez réutiliser ce format de page personnalisé, vous pouvez le créer à l'aide de l'option* ***Créer une nouvelle taille de page*** *visible dans la liste associée au bouton* ***Taille***.

F- Changer le modèle d'une composition

▷ Dans l'onglet **Création de page**, cliquez sur le bouton **Changer de modèle**.

▷ Sélectionnez le modèle souhaité ; sélectionnez, si besoin est, un **Modèle de couleurs**, **Jeu de polices**, **Informations professionnelles** et des éventuelles **Options** puis cliquez sur **OK**.

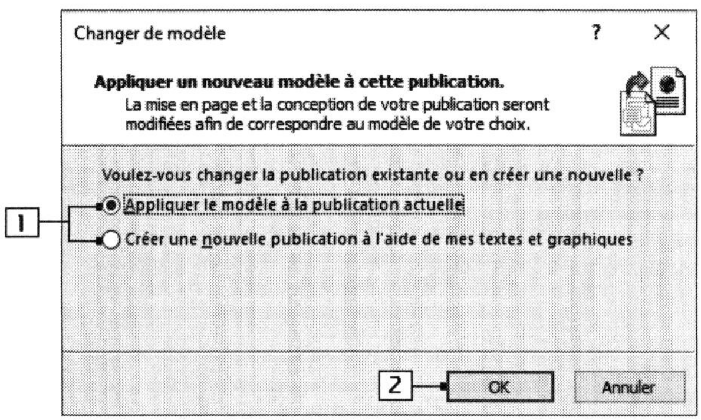

1 Indiquez si vous souhaitez modifier la composition actuelle ou si vous préférez créer une nouvelle composition associée au nouveau modèle dans laquelle Publisher intégrera vos textes et images.

2 Cliquez sur **OK**.

G- Fermer une composition

▷ Dans l'onglet **Fichier**, cliquez sur **Fermer** ou tapez Ctrl F4.

Si plusieurs compositions sont ouvertes, vous pouvez aussi cliquer sur le bouton × *de la fenêtre.*

▷ Enregistrez ou pas les dernières modifications apportées à la composition.

H- Définir les propriétés d'une composition

Ces propriétés peuvent être utilisées, par exemple, pour rechercher les fichiers.

▷ Dans l'onglet **Fichier**, cliquez si besoin est sur **Informations**.

Vous visualisez les propriétés de base sous le bouton ***Propriétés de la composition***.

▷ Pour afficher toutes les propriétés, cliquez sur le bouton **Propriétés de la composition** puis sur **Propriétés avancées**.

contient des informations sur la date de création du fichier, sa taille...

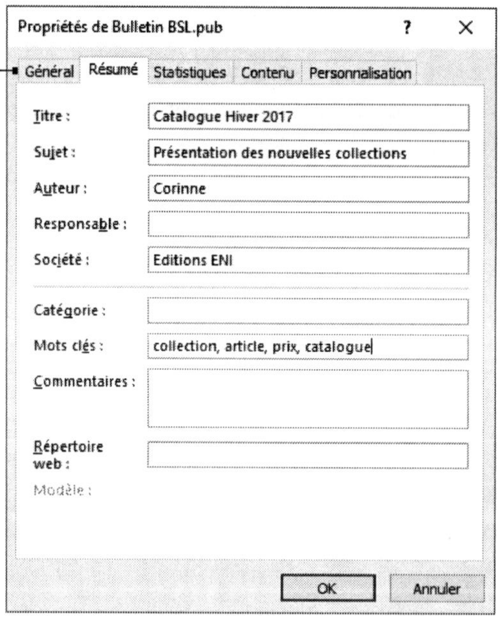

▷ Dans l'onglet **Résumé**, renseignez les différentes rubriques proposées puis cliquez sur **OK**.

2.2 Les modèles de couleurs et jeux de polices

A- Changer de modèle de couleurs

Un modèle de couleurs est un ensemble défini de couleurs associé à une composition. Lorsque vous créez une composition, un modèle de couleurs lui est obligatoirement associé en fonction du modèle utilisé pour créer la composition. Vous pouvez à tout moment associer un autre modèle de couleurs à la composition et, si besoin est, créer votre propre modèle de couleurs.

Dans les versions précédentes de Publisher, les modèles de couleurs étaient appelés jeux de couleurs.

▷ Dans l'onglet **Création de page**, cliquez sur un des modèles de couleurs visibles dans le groupe **Jeux** ou cliquez sur le bouton pour afficher la galerie des modèles de couleurs.

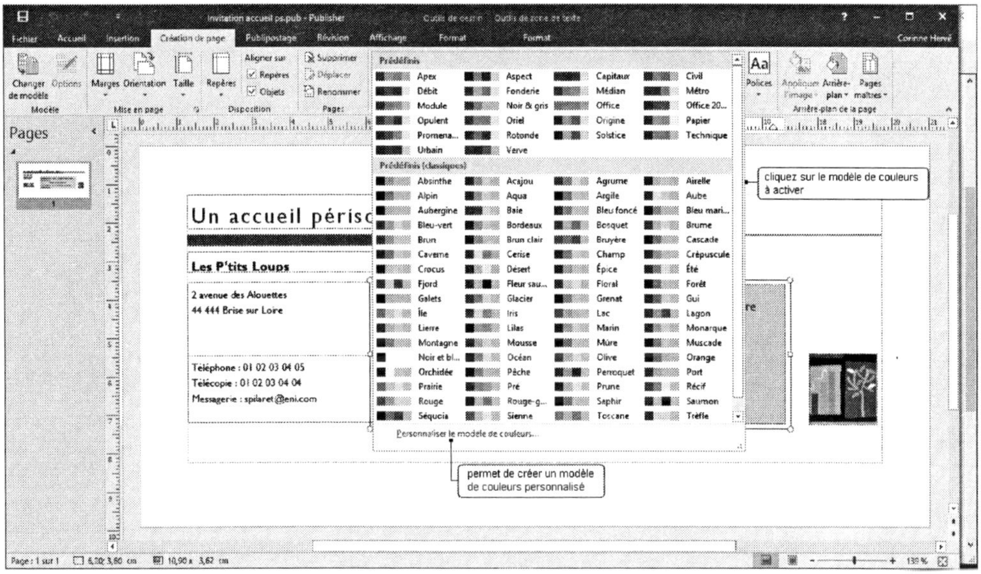

Lorsque vous pointez un des modèles de couleurs, vous visualisez son application sur la composition active.

Après sélection du jeu, tous les objets existant sur votre composition précédemment remplis avec les couleurs du modèle actif le sont désormais avec celles du nouveau modèle de couleurs. Les objets possédant une couleur extérieure au modèle ne sont pas modifiés. De la même façon, lorsque vous copiez un objet dans une autre composition, il change de couleur s'il possède une couleur du modèle, en fonction du modèle de couleurs de la composition cible.

⇨ *Lorsque vous appliquez une couleur à un objet à l'aide de l'outil* ***Remplissage***, *les couleurs proposées dans la liste sont celles du modèle de couleurs actif. Pour appliquer une couleur extérieure au modèle, cliquez sur* ***Autres couleurs de remplissage***.

⇨ *Pour supprimer un modèle de couleurs personnalisé, faites un clic droit sur le modèle visible dans la galerie des modèles de couleurs puis cliquez sur* ***Supprimer le jeu***.

B- Appliquer un jeu de polices

Un jeu de polices est constitué d'une police principale (pour les titres et les en-têtes) et d'une police secondaire (pour le texte). Lorsque vous créez une composition à partir d'un modèle, un jeu de polices est associé à la composition : si vous appliquez un autre jeu de polices, les textes seront modifiés.

▷ Dans l'onglet **Création de page**, cliquez sur le bouton **Polices** pour afficher la liste des jeux de polices.

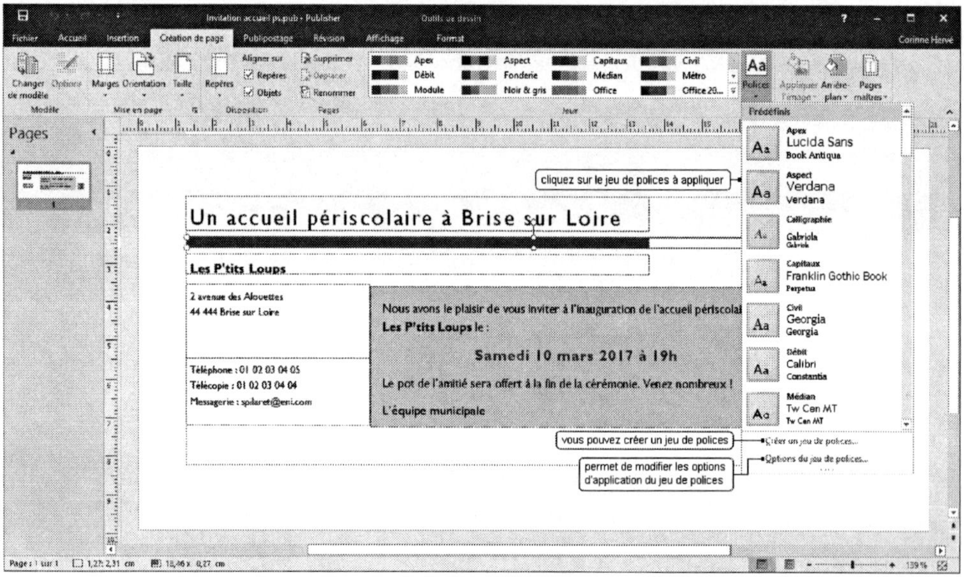

Lorsque vous pointez un jeu, vous visualisez son application dans la composition active.

*Les jeux de polices **Binaire**, **En ligne**, **Fondation** et **Virtuel** sont particulièrement bien adaptés aux pages Web car ils sont composés de polices standard disponibles sur la plupart des systèmes.*

⇨ *Le menu contextuel d'un jeu de polices permet de **Dupliquer le jeu**, de **Renommer le jeu**, de **Supprimer le jeu** (seuls les jeux personnalisés peuvent être renommés ou supprimés) ou d'ajouter la galerie à la barre d'outils Accès rapide.*

2.3 Les pages

A- Faire défiler le contenu des pages

▷ Utilisez les techniques suivantes :

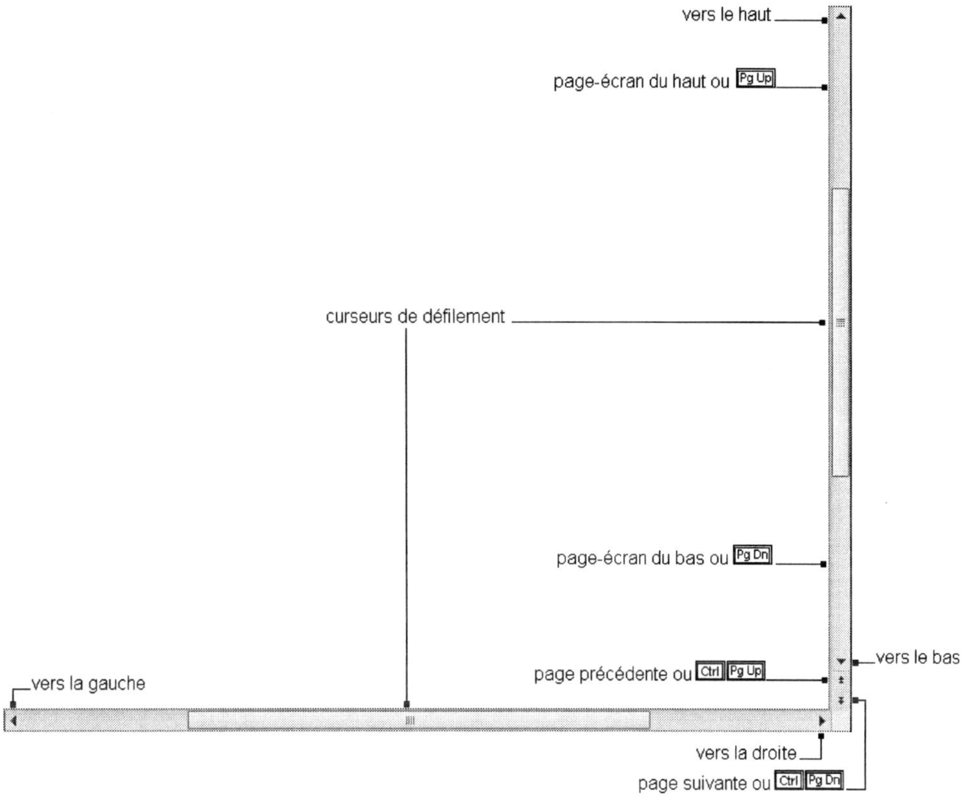

▷ Vous pouvez également faire glisser le curseur de défilement ou utiliser la molette de la souris.

B- Atteindre une page précise

▷ Dans le volet **Navigation de page**, cliquez sur la page à atteindre.

*Si le volet n'est pas visible, cochez l'option **Navigation de page** de l'onglet **Affichage** ou cliquez sur l'indicateur de page visible sur la gauche de la barre d'état.*

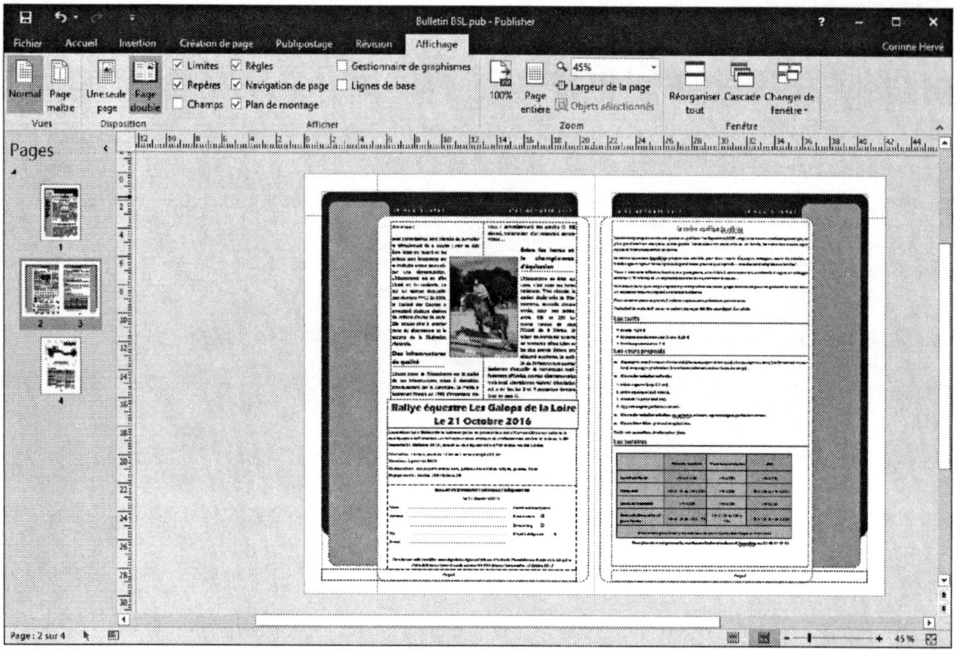

*Si l'affichage **Page double** est actif, vous accédez simultanément à deux pages lorsqu'elles sont placées côte à côte.*

▷ Au clavier, utilisez les combinaisons de touches suivantes :

- pour passer à la page précédente, faites Ctrl ⇞.
- Pour passer à la page suivante, faites Ctrl ⇟.

⇨ *Si vous tapez Ctrl ⇟ alors que la page active est la dernière, Publisher vous proposera d'insérer une page dans la composition.*

▷ Vous pouvez aussi utiliser les icônes et visibles sous la barre de défilement vertical.

▷ Pour atteindre une page en fonction de son numéro, tapez F5 ou Ctrl **B**.

Tapez le numéro de la page à atteindre puis cliquez sur **OK**.

C- Afficher deux pages en vis-à-vis

Le mode d'affichage ***Page double*** *est très utile lorsque vous travaillez sur un document pour lequel la mise en page diffère selon les pages de droite et les pages de gauche. Par exemple, dans un document composé de plusieurs pages, tel un magazine ou un bulletin d'informations, les informations d'en-tête et de pied de page sont généralement alternées entre les pages de droite et les pages de gauche :*

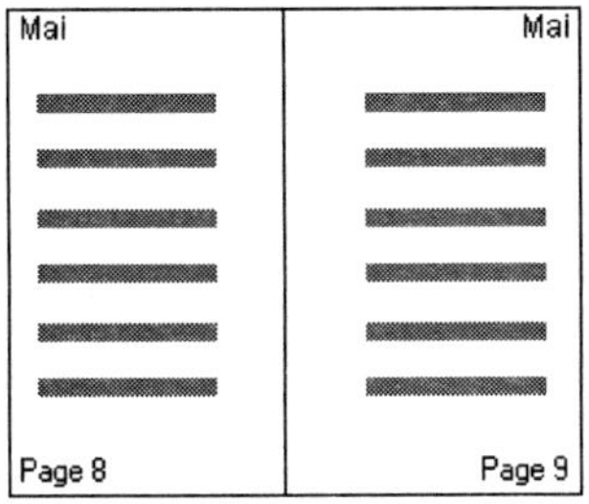

Page de gauche Page de droite

Le numéro de page, par exemple, est placé à gauche sur les pages de gauche mais à droite sur les pages de droite. Les pages de droite portent toujours un numéro impair alors que les pages de gauche portent un numéro pair.

▷ Cliquez sur l'icône **Page double** visible sur la droite de la barre d'état.

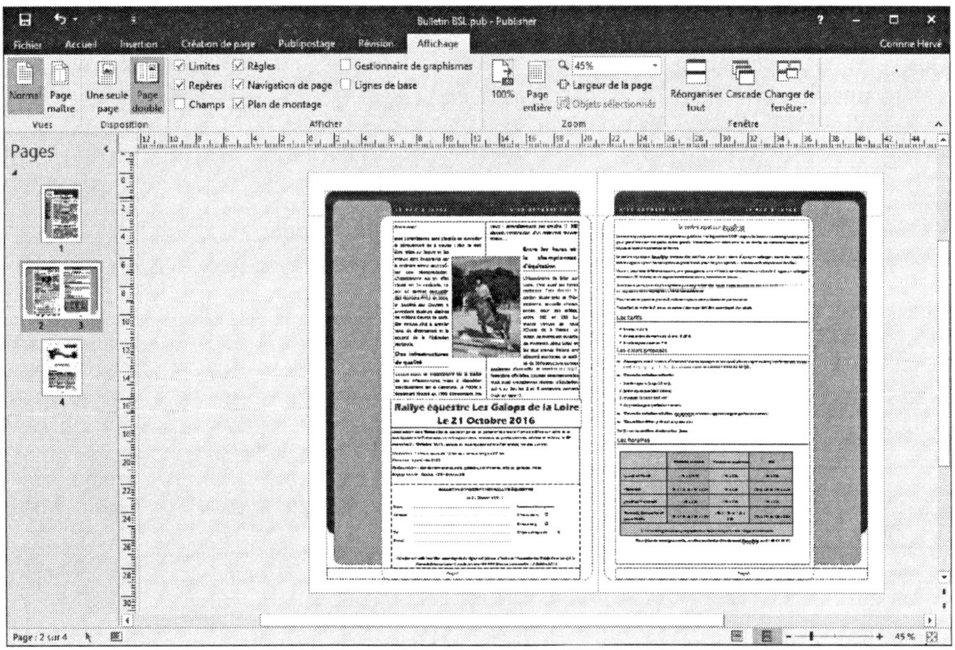

- Pour retrouver l'affichage d'une seule page, cliquez sur l'icône **Page unique**  visible sur la droite de la barre d'état.

D- Insérer des pages

- Dans le volet Navigation de page, faites un clic droit sur la page avant ou après laquelle vous souhaitez insérer une ou plusieurs pages puis cliquez sur **Insérer une page**.

  Si la composition possède une mise en page alternée (différente selon les pages de gauche et celles de droite), une boîte de dialogue de ce type apparaît :

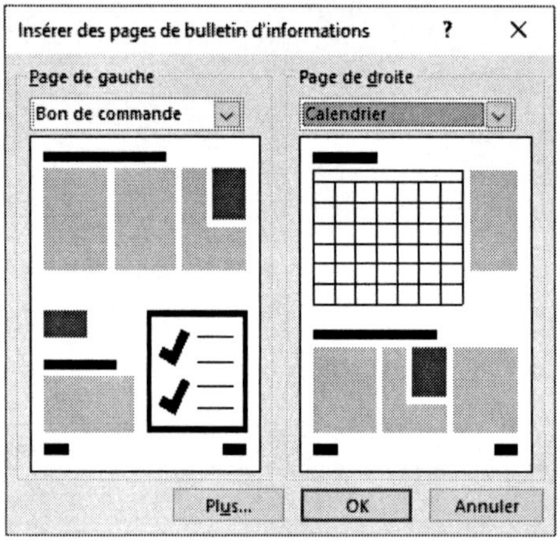

- Sélectionnez alors un modèle pour la **Page de gauche** et un modèle pour la **Page de droite**. Cliquez ensuite sur le bouton **Plus**.

  Affichage Page double actif :

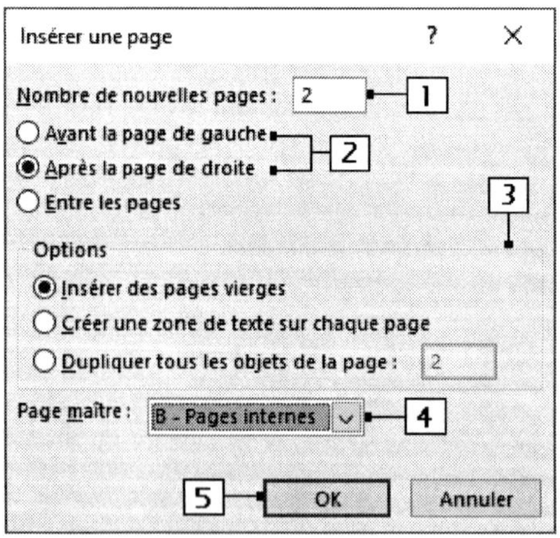

  Affichage Page unique actif :

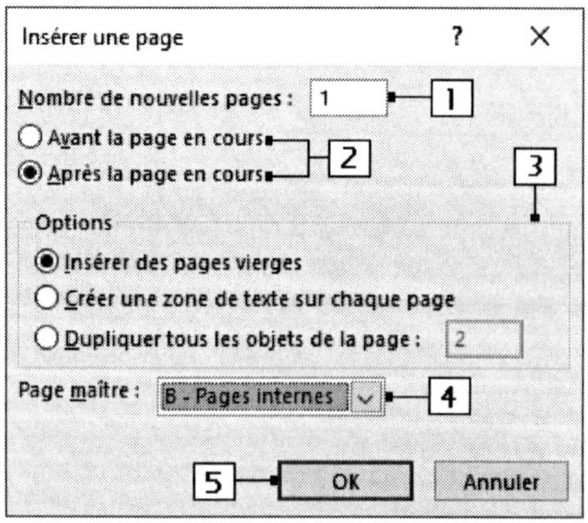

[1] Précisez le nombre de nouvelles pages à insérer.

[2] Indiquez où insérer les nouvelles pages.

[3] Choisissez quel type de page vous souhaitez insérer ; si vous choisissez la dernière option, précisez le numéro de la page comprenant les objets que vous souhaitez copier sur les nouvelles pages.

[4] Si des pages maîtres ont été définies pour la composition, sélectionnez la page maître à appliquer aux nouvelles pages.

[5] Cliquez sur **OK**.

⇨ *L'option **Insérer la page en double** du menu contextuel des pages visibles dans le volet Navigation de page permet de créer un double de la page active.*

⇨ *Pour ajouter une page en fin de composition, accédez à la dernière page et faites* Ctrl ⇩.

E- Supprimer une page

▷ Dans le volet Navigation de page, faites un clic droit sur la page à supprimer puis cliquez sur l'option **Supprimer**.

*Vous pouvez aussi cliquer sur le bouton **Supprimer** de l'onglet **Création de page**.*

▷ Si vous travaillez sur un document avec une mise en page alternée page de droite/page de gauche, supprimer une seule page risque de perturber la mise en page : une page de droite risque, par exemple, de se retrouver avec un numéro de page à gauche. Il est préférable de gérer les pages deux par deux : lorsque vous demandez à supprimer une page, la boîte de dialogue qui apparaît lorsque l'affichage **Page double** est actif contient une option **Les deux pages** : sélectionnez, de préférence, cette option afin de supprimer page de droite et page de gauche.

⇨ *Lorsque vous supprimez une page contenant une zone de texte chaînée avec des zones de texte situées sur d'autres pages, toutes les zones de texte liées sont supprimées.*

F- Nommer une page

Le nom de la page apparaît dans une info-bulle lorsque vous pointez la page dans le volet Navigation de page.

▷ Faites un clic droit sur la page concernée visible dans le volet Navigation de page.

▷ Cliquez sur **Renommer**. Précisez le **Titre de la page** puis validez.

⇨ *Vous pouvez aussi utiliser le bouton **Renommer** de l'onglet **Création de page**.*

G- Déplacer une ou deux pages

▷ Sélectionnez la page simple ou la double page dans le volet Navigation de page puis faites-la glisser à l'endroit adéquat.

Vous pouvez aussi faire un clic droit sur la page puis cliquer sur **Déplacer** :

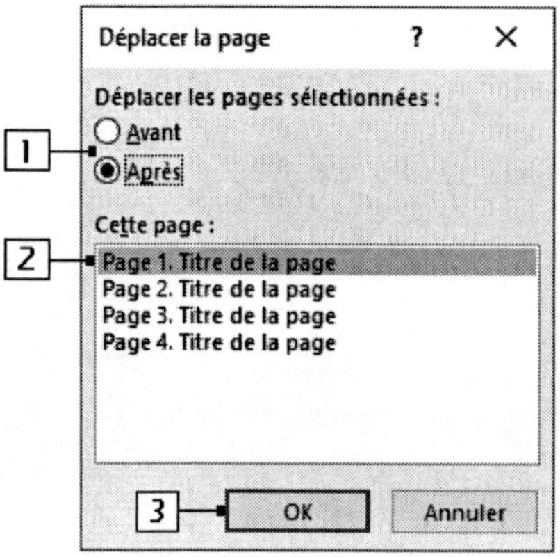

1 Indiquez s'il faut déplacer la page **Avant** ou **Après** la page sélectionnée.

2 Sélectionnez la page concernée.

3 Cliquez sur **OK**.

2.4 Les pages maîtres

A- Accéder à la (aux) page(s) maître(s) d'une composition

Les pages maîtres d'une composition contiennent les éléments qui doivent apparaître sur toutes les pages (en-tête, numéro de page, logo...). Si la composition possède une mise en page alternée, la page maître est dite double. Vous utiliserez plusieurs pages maîtres si certaines pages de votre composition doivent avoir une mise en page différente des autres (une première et une dernière page correspondant à la couverture d'un magazine ou d'un catalogue, par exemple).

▷ Dans l'onglet **Affichage**, cliquez sur le bouton **Page Maître** ou tapez Ctrl **M**.

*Vous pouvez aussi cliquer sur l'onglet **Création de page**, sur le bouton **Pages maîtres** puis sur **Modifier les pages maîtres**.*

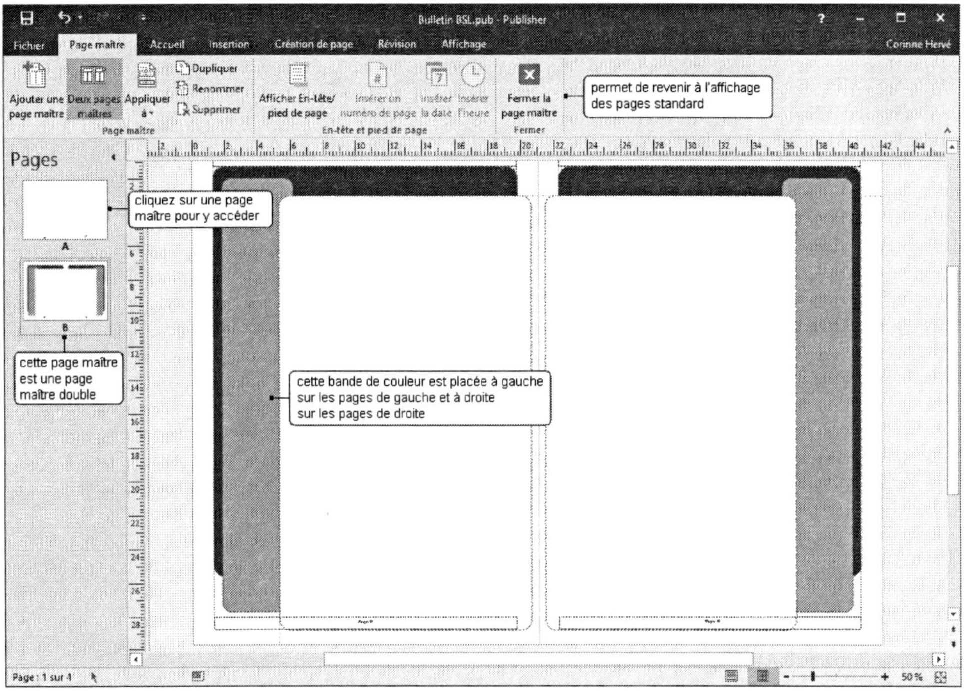

⇨ *Pour sélectionner un élément qui se trouve sur une page maître, il faut obligatoirement accéder à cette page maître.*

B- Créer une page maître

▷ Accédez aux pages maîtres de la composition.

▷ Placez sur cette page maître la ou les éléments communs aux pages de la composition sur lesquelles vous appliquerez cette page maître (en-tête, pied de page, logo, date, graphismes...).

Si certaines pages de la composition doivent avoir une mise en page différente, vous devez créer une nouvelle page maître.

▷ Pour créer une nouvelle page maître, cliquez sur le bouton **Ajouter une page maître** de l'onglet **Page maître** ou tapez Ctrl ⇧ **N**.

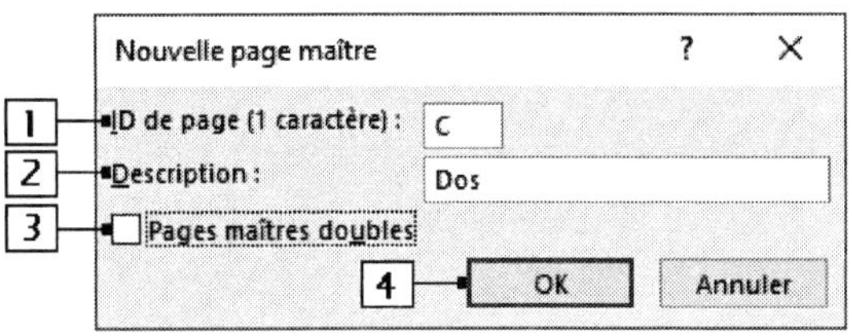

1 Précisez un caractère qui va symboliser la page (une lettre ou un chiffre).

COMPOSITION ET MISE EN PAGE

[2] Précisez le nom de la page.

[3] Si vous travaillez sur une composition avec mise en page alternée, cochez cette option si la page maître doit représenter page de droite et page de gauche.

[4] Cliquez sur **OK**.

La nouvelle page maître apparaît dans le volet Navigation de page.

▷ Créez ensuite les différents éléments de cette nouvelle page maître.

⇨ *Vous pouvez aussi créer une nouvelle page maître en dupliquant une page existante : sélectionnez la page maître à dupliquer puis cliquez sur le bouton* ***Dupliquer*** *de l'onglet* ***Page maître****.*

C- Appliquer une page maître à une ou plusieurs pages de la composition

▷ Accédez à la page concernée.

▷ Dans l'onglet **Création de page**, cliquez sur le bouton **Pages maîtres**.

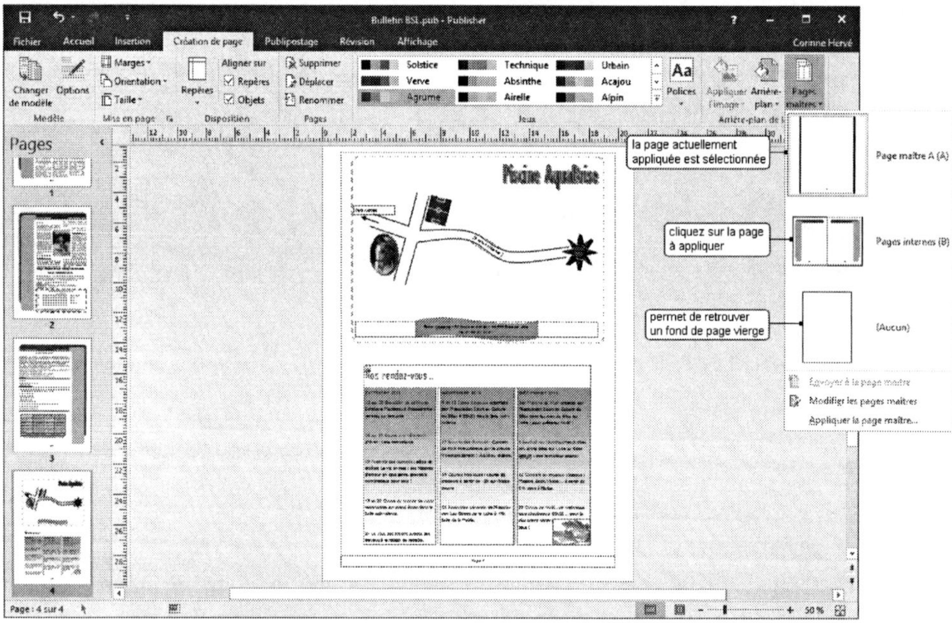

▷ Pour appliquer une page maître à un groupe de pages, cliquez sur le bouton **Pages maîtres** de l'onglet **Création de page** puis cliquez sur l'option **Appliquer la page maître**.

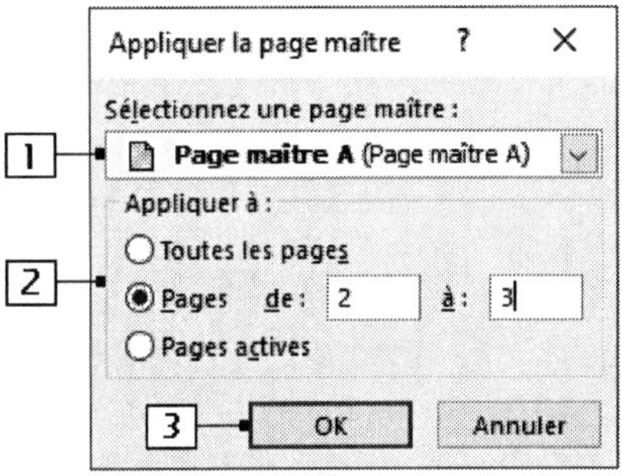

1 Sélectionnez la page maître à appliquer.

2 Précisez les pages concernées.

3 Cliquez sur **OK**.

⇨ *À partir de l'onglet **Page maître**, vous pouvez aussi utiliser le bouton **Appliquer à**.*

D- Gérer les pages maîtres

▷ Accédez aux pages maîtres.

▷ Sélectionnez la page maître dans le volet Navigation de page puis utilisez les boutons de l'onglet **Page maître** : vous pouvez **Renommer**, **Supprimer** la page maître, transformer une page maître simple en page maître double (bouton **Deux pages maîtres**) : une seconde page maître apparaît alors, elle contient les mêmes objets que la page d'origine placés de façon symétrique par rapport à l'axe vertical qui sépare les deux pages.

De la même façon, vous pouvez transformer une page maître double en page maître simple mais, dans ce cas, Publisher vous prévient que les objets de la page maître de gauche seront supprimés (c'est la page de droite qui est conservée).

E- Modifier les repères de mise en page

Les repères facilitent la disposition des objets dans les pages. Les repères de mise en page se définissent sur la ou les pages maîtres de la composition. Il existe trois types de repères de mise en page :

- *les **repères de marge** qui existent toujours par défaut,*
- *les **repères de grille** que vous pouvez ajouter,*
- *les **repères de ligne de base** utilisés pour aligner les lignes de texte.*

Poser des repères de marge

Les repères de marge sont représentés par des lignes pointillées bleues ; ils servent à définir les marges à respecter pour le placement des objets sur les différentes pages. Dans une même composition, les repères de marge peuvent être différents d'une page à l'autre car ils sont définis pour chaque page maître.

▷ Accédez aux pages maîtres puis cliquez sur la page maître pour laquelle vous souhaitez modifier les repères de marge.

▷ Dans l'onglet **Création de page**, cliquez sur le bouton **Marges** (groupe **Mise en page**) puis sur l'option **Marges personnalisées**.

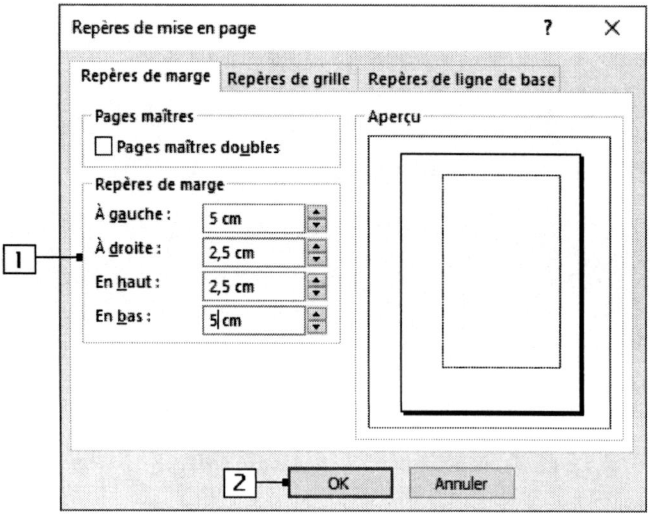

[1] Précisez les nouvelles valeurs des repères de marge (si la page maître est une page maître double, les options **À gauche** et **À droite** sont remplacées par **À l'intérieur** et **À l'extérieur**).

[2] Cliquez sur le bouton **OK**.

▷ Retournez sur les pages de la composition.

La modification est automatiquement appliquée à toutes les pages de la composition qui sont associées à la page maître modifiée.

⇨ *Les repères de marge ne sont que des repères, ils ne définissent pas les marges de la composition : lorsque vous les déplacez, les éléments situés au-delà de ces repères sont quand même imprimés.*

⇨ *Les repères peuvent être masqués (cf. 1.2 - A - Afficher/masquer les règles et repères). Il est possible de magnétiser les repères de marge afin que les objets soient "attirés" par les repères lorsque vous les déplacez par cliqué-glissé (cf. chapitre Gestion des objets).*

Poser des repères de grille

Les repères de grille sont des lignes et/ou colonnes délimitées par des pointillés bleus : ils permettent de faire apparaître une grille factice dans le fond des pages afin de faciliter le positionnement des objets dans la page. Ils sont définis pour chaque page maître de la composition.

▷ Accédez aux pages maîtres puis cliquez sur la page maître pour laquelle vous souhaitez définir des repères de grille.

▷ Dans l'onglet **Création de page**, cliquez sur le bouton **Repères** puis sur l'option **Repères de grille et de ligne de base**.

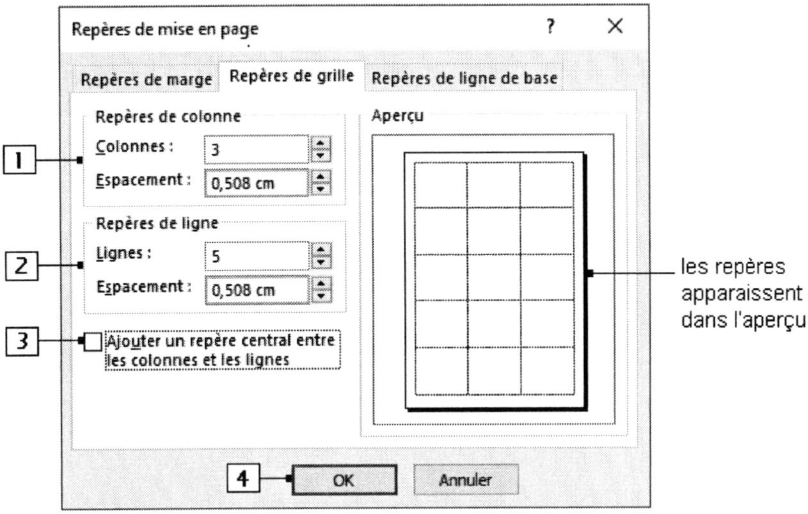

1. Précisez le nombre de repères verticaux souhaités à l'aide de l'option **Colonnes**. Un repère pouvant être constitué de deux lignes verticales, précisez l'**Espacement** souhaité entre ces deux lignes.
2. Précisez de la même façon les **Repères de ligne**.
3. Cochez cette option pour faire apparaître une ligne pointillée rose entre les deux lignes bleues d'un même repère (cette ligne n'apparaît pas dans l'Aperçu).
4. Cliquez sur **OK** puis retournez sur les pages de la composition.

Les repères de grille apparaissent automatiquement sur les pages de la composition associées à la page maître modifiée. Si des éléments non transparents sont placés sur les pages, les repères peuvent être masqués par ceux-ci.

Poser des repères de ligne de base

Les repères de ligne de base sont utilisés pour aligner les lignes de base d'un texte réparti dans plusieurs colonnes :

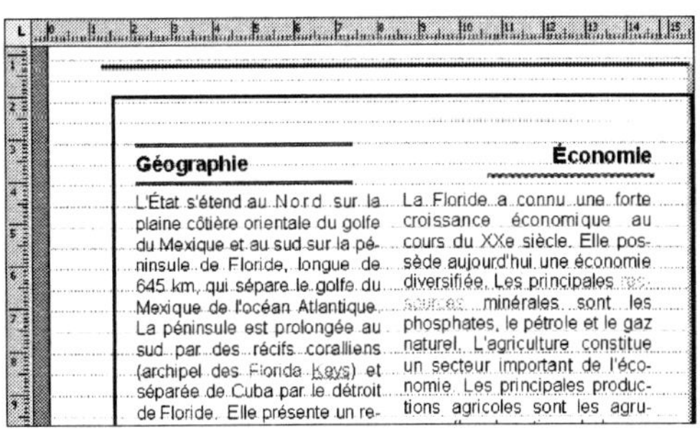

Avant alignement sur les repères de ligne de base.

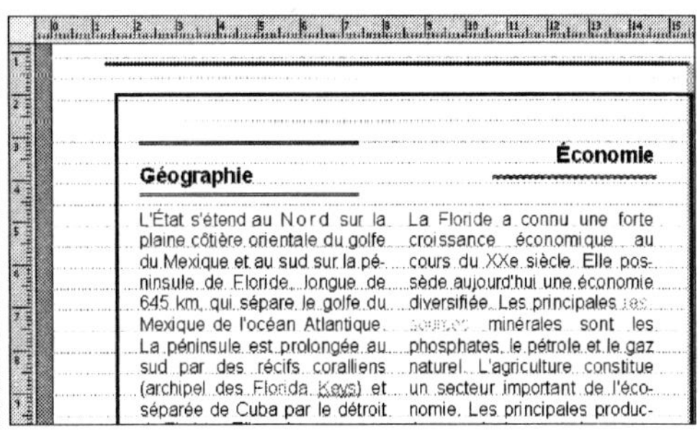

Après alignement sur les repères de ligne de base.

▷ Accédez aux pages maîtres puis cliquez sur la page maître concernée.

▷ Dans l'onglet **Création de page**, cliquez sur le bouton **Repères** puis sur l'option **Repères de grille et de ligne de base**.

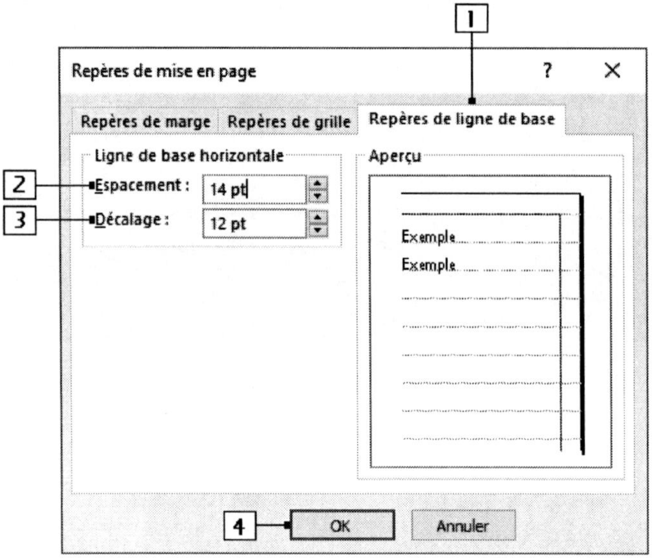

1 Cliquez sur l'onglet **Repères de ligne de base**.

2 Définissez l'espacement entre les lignes de base : il doit correspondre à l'interligne du texte.

3 Indiquez l'espacement entre la marge supérieure et la première ligne de base.

4 Cliquez sur **OK** puis retournez sur les pages de la composition.

*Les repères de ligne de base apparaissent sur les pages associées à la page maître à condition que l'option **Lignes de base** de l'onglet **Affichage** soit cochée. Pour que le texte s'aligne en fonction de ces repères, vous devez activer l'option **Aligner le texte sur les repères de ligne de base** de la boîte de dialogue **Paragraphe** - onglet **Retrait et espacement**.*

F- Déplacer les repères de marge ou les repères de grille

▷ Accédez à la page maître concernée.

▷ Pointez le repère à modifier et faites-le glisser à l'endroit voulu.

Le pointeur de la souris prend cette forme  *ou celle-ci* *. Si la page maître est une page double, la modification est reportée automatiquement sur l'autre page.*

▷ Retournez sur les pages de la composition.

⇨ *Après avoir déplacé un des repères horizontaux et/ou verticaux d'une grille, les options **Rétablir les colonnes à largeur identique** et **Rétablir les lignes à hauteur identique** de la boîte de dialogue **Repères de mise en page** - onglet **Repères de grille** permettent de retrouver les repères de grille d'origine.*

G- Poser des repères de règle

Les repères de règle sont des repères que vous pouvez placer n'importe où sur les pages de la composition ou sur les pages maîtres. Ils sont représentés par des lignes pointillées vertes.

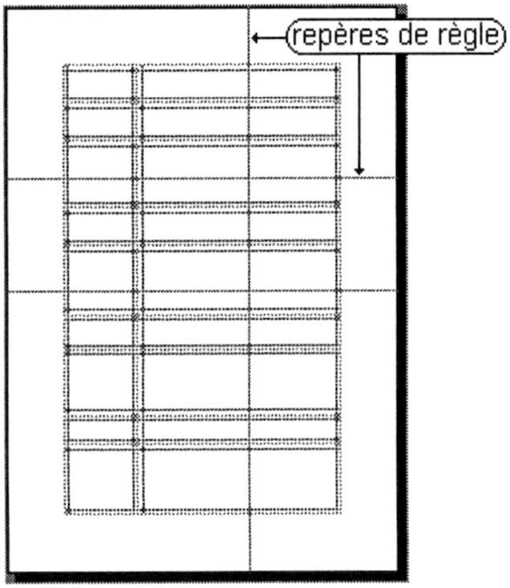

▷ Pour placer un repère sur une page quelconque de la composition, accédez à cette page. Pour placer un repère sur plusieurs pages de la composition, accédez à la page maître associée à ces pages.

Poser un repère de règle

▷ Pointez la règle horizontale ou verticale en fonction du type de repère à placer.

Le pointeur de la souris prend cette forme ✥ *ou celle-ci* ✥.

▷ Effectuez alors un cliqué-glissé de la règle vers la page, à l'endroit où vous souhaitez poser le repère.

Une ligne verte pointillée symbolise le repère. Vous pouvez la déplacer par un cliqué-glissé.

▷ Retournez ensuite, si besoin, sur les pages de la composition.

Poser des repères de règle prédéfinis

▷ Dans l'onglet **Création de page**, cliquez sur le bouton **Repères**.

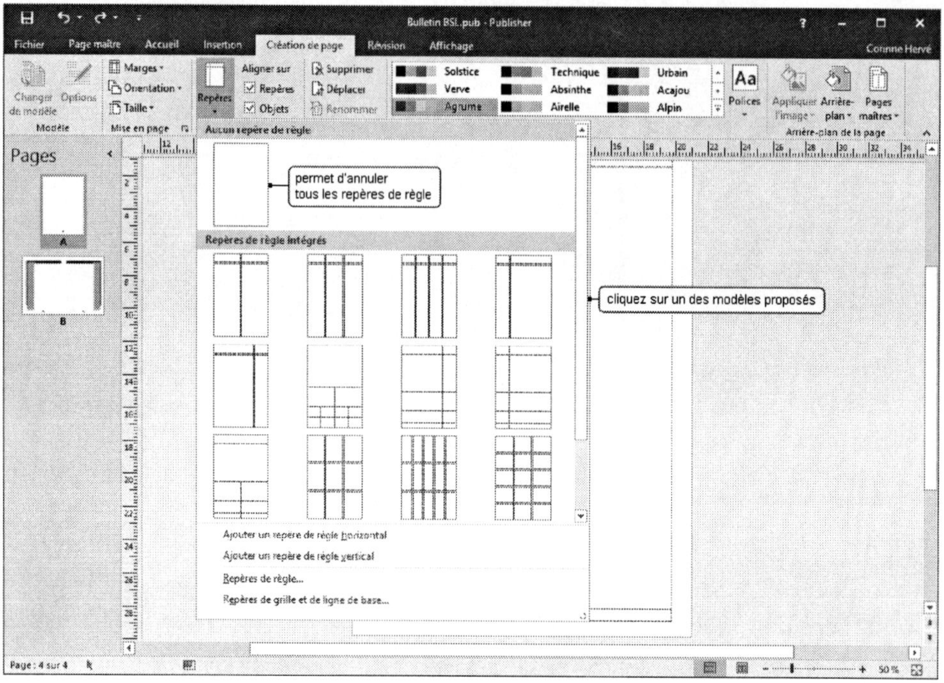

Poser des repères de règle horizontaux et/ou verticaux

▷ Dans l'onglet **Création de page**, cliquez sur le bouton **Repères** puis sur l'option **Repères de règle**.

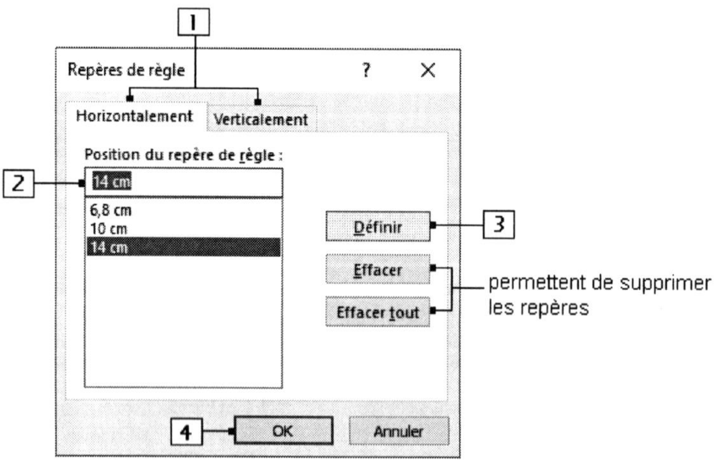

1 Cliquez sur l'onglet correspondant au type de repère à créer.

2 Tapez la position du premier repère.

3 Cliquez sur le bouton **Définir**. Précisez ainsi la position de chaque repère.

4 Cliquez sur **OK** quand tous les repères ont été définis.

⇨ *Vous pouvez aussi utiliser les options **Ajouter un repère de règle horizontal** ou **Ajouter un repère de règle vertical** associées au bouton **Repères** de l'onglet **Création de page**.*

⇨ *Pour supprimer un repère de règle, accédez, si besoin est, à la page maître concernée puis faites glisser le repère en dehors de la page. Pour supprimer tous les repères de la page en cours, cliquez sur le bouton **Repères** de l'onglet **Création de page** puis cliquez sur le premier modèle proposé : **Aucun repère de règle**.*

⇨ *Il est possible de magnétiser les repères de règle afin que les objets soient "attirés" par ces repères lorsque vous les déplacez par cliqué-glissé (cf. chapitre 6 - Gestion des objets).*

H- Créer un en-tête et/ou un pied de page

▷ Dans l'onglet **Insertion**, cliquez sur le bouton **En-tête** ou sur le bouton **Pied de page**.

La page maître est automatiquement activée.

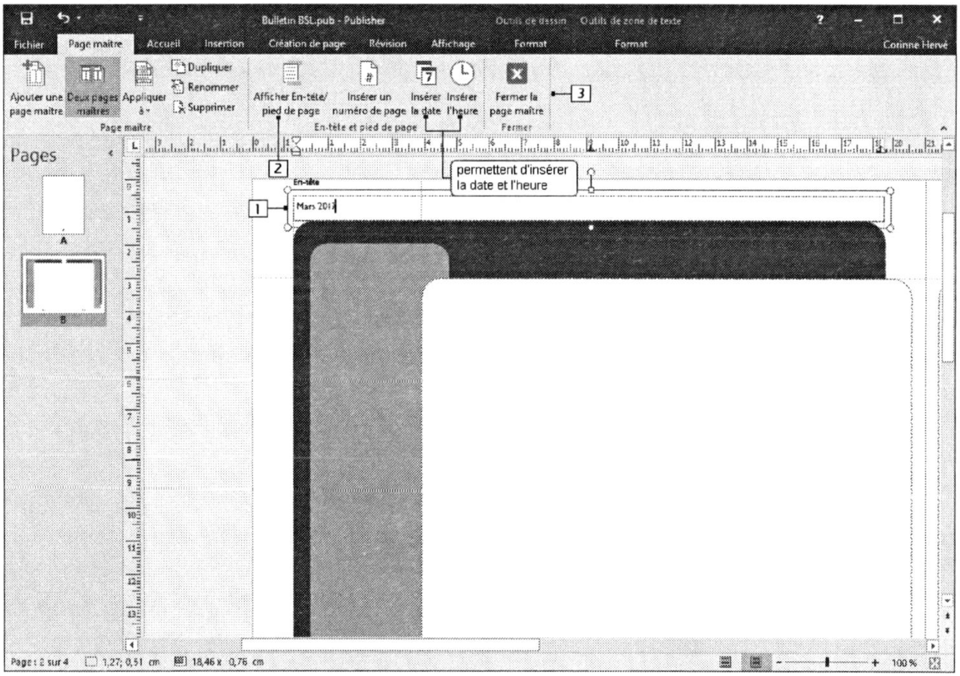

1 Saisissez le texte de l'en-tête avec les mises en forme souhaitées.

2 Pour définir le pied de page, cliquez sur cet outil pour accéder à la zone **Pied de page**. Définissez le texte du pied de page selon le même principe ; vous pouvez insérer une numérotation des pages en cliquant sur le bouton **Insérer un numéro de page** : la numérotation de page apparaît sous la forme du symbole dièse (#). Si vous travaillez sur une page maître double, précisez l'en-tête et le pied de page de l'autre page selon les mêmes principes.

3 Cliquez sur ce bouton pour retrouver les pages de la composition.

⇨ *L'insertion de la date et de l'heure système dans le texte de la composition peut se faire aussi par le bouton* ***Date et heure*** *de l'onglet* ***Insertion*** *; l'insertion des numéros de page peut se faire par le bouton* ***Numéro de page*** *de l'onglet* ***Insertion*** *(cf. I - Numéroter les pages de la composition).*

⇨ *Pour accéder rapidement à un en-tête ou à un pied de page afin de le modifier, vous pouvez faire un double clic dans la zone correspondante.*

I- Numéroter les pages de la composition

Insérer les numéros de page

La numérotation des pages peut se faire lors de la saisie de l'en-tête ou du pied de page ou par la commande présentée ci-après ; cette technique offre l'avantage d'insérer la numérotation dans une zone de texte d'une page courante.

▷ Si seule la page active doit être numérotée, cliquez dans une zone de texte.

▷ Dans l'onglet **Insertion**, cliquez sur le bouton **Numéro de page**.

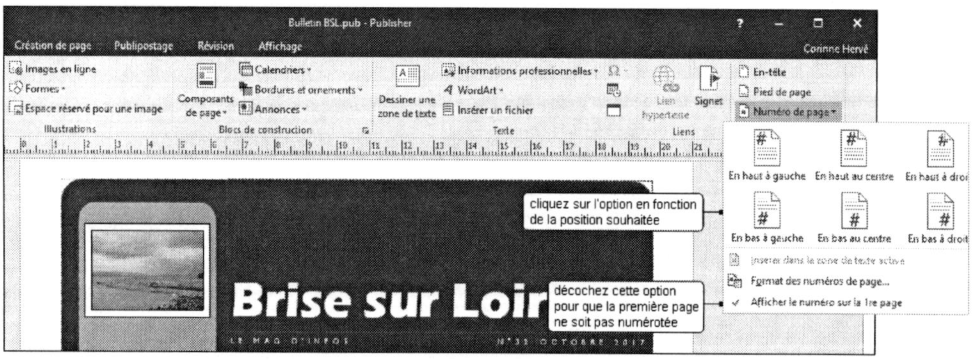

⇨ *Pour modifier la présentation du numéro, sélectionnez-le (s'il se trouve dans l'en-tête ou le pied de page, sélectionnez le symbole # visible dans la page maître) puis utilisez les outils de mise en valeur de texte situés dans l'onglet* ***Accueil****.*

Modifier le format des numéros de page

*Cette technique permet de changer le format des nombres utilisés pour la numérotation des pages (**I**, **A**, **1er**, **Premier**...) et de définir le numéro de la première page.*

- Accédez à la première des pages concernées.
- Dans l'onglet **Insertion**, cliquez sur le bouton **Numéro de page** puis sur l'option **Format des numéros de page**.

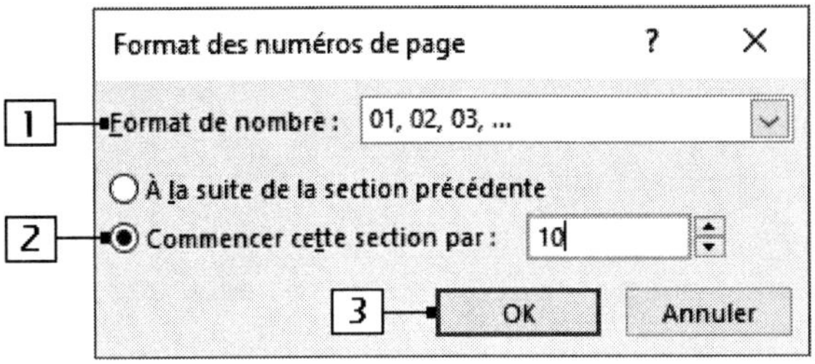

1 Sélectionnez le **Format de nombre** à utiliser pour la numérotation.

2 Pour modifier le numéro de la première page, activez cette option puis précisez le numéro à attribuer à la page.

3 Cliquez sur **OK**.

J- Modifier l'arrière-plan des pages

- Accédez, si besoin est, à la page maître concernée.
- Cliquez sur l'onglet **Création de page** puis sur le bouton **Arrière-plan**.

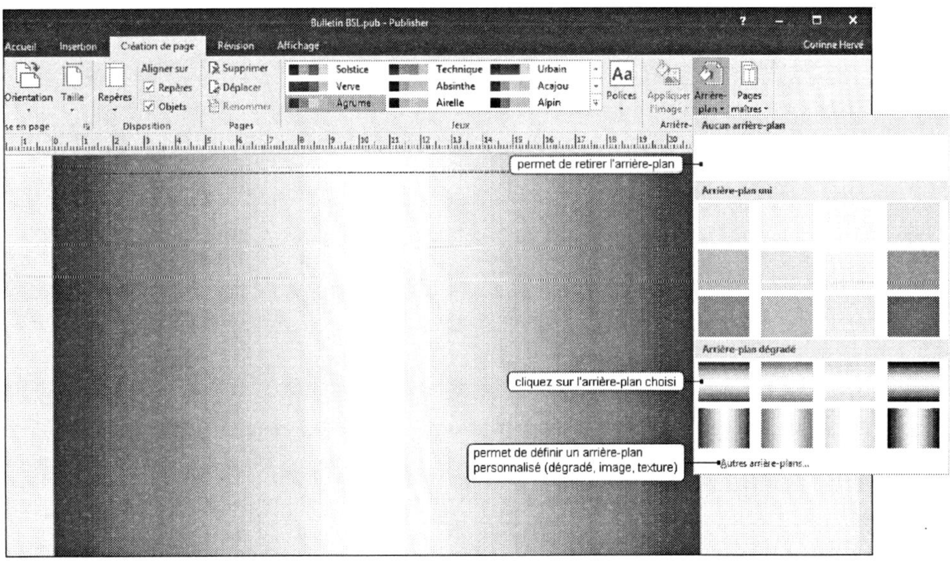

3.1 Les zones de texte

A- Créer une zone de texte

▷ Dans l'onglet **Insertion**, cliquez sur l'outil **Dessiner une zone de texte**.

▷ Effectuez un cliqué-glissé pour tracer la zone de texte. Utilisez la touche ⇧ pendant le cliqué-glissé si vous souhaitez réaliser une zone de texte carrée. Utilisez la touche Ctrl pour dessiner la zone de texte à partir de son centre. Utilisez les touches Ctrl ⇧ pour dessiner une zone de texte carrée à partir de son centre.

Lorsque la souris est relâchée, le point d'insertion clignote à l'intérieur de la zone de texte.

▷ Saisissez le texte ou importez-le.

⇨ *Si la zone de texte n'est pas assez grande par rapport à son contenu, le symbole ••• apparaît dans l'angle inférieur droit et les poignées deviennent rouges ; vous pouvez alors agrandir la zone de texte, la lier à une autre zone de texte afin que le texte se répartisse dans les deux zones ou bien ajuster le texte afin qu'il apparaisse entièrement dans la zone de texte.*

⇨ *Par défaut, le texte qui dépasse de la zone de texte est considéré comme texte de débordement et n'est pas affiché. Vous pouvez demander à ajuster la taille du texte afin qu'il remplisse obligatoirement toute la zone de texte ou afin que le texte de débordement soit visible : dans l'onglet **Outils de zone de texte - Format**, cliquez sur le bouton **Ajuster au texte** du groupe **Texte** puis sur **Ajuster** ou sur **Rétrécir le texte dans la zone de débordement uniquement**.*

B- Importer du texte

▷ Positionnez le point d'insertion dans la zone de texte, à l'endroit où le texte doit être inséré.

▷ Dans l'onglet **Insertion**, cliquez sur le bouton **Insérer un fichier**.

▷ Dans la liste déroulante située à droite de la zone **Nom de fichier**, sélectionnez le format du fichier contenant le texte à importer.

Publisher permet d'importer du texte saisi dans la plupart des traitements de texte.

▷ Activez le dossier contenant le fichier à importer puis faites un double clic sur le fichier contenant le texte à importer.

Publisher vous annonce qu'il convertit le fichier.

Si la zone de texte n'est pas suffisamment grande pour intégrer tout le texte du fichier, Publisher crée automatiquement une ou plusieurs autres zones de texte sur une ou plusieurs autres pages. Le symbole ◄ visible sur le côté gauche de la zone de texte indique que cette zone est liée à une zone précédente : un clic sur ce symbole permet d'accéder à cette zone de texte.

C- Lier deux zones de texte

Lorsqu'une zone de texte est trop petite pour faire apparaître tout le texte qu'elle contient, le symbole apparaît dans l'angle inférieur droit de la zone de texte et les poignées deviennent rouges :

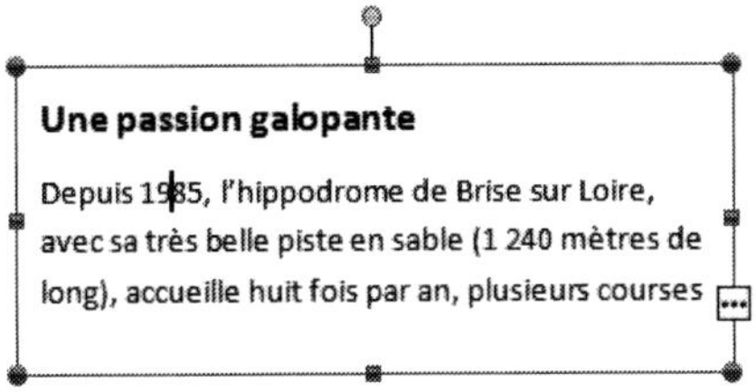

Vous pouvez alors modifier les dimensions de la zone de texte ou la lier à une autre zone afin que le texte en surplus s'écoule vers cette zone.

- Créez, si besoin est, une zone de texte dans laquelle doit s'écouler le "trop plein" de la première zone de texte.
- Sélectionnez la zone de texte à lier (la première).
- Cliquez sur l'outil **Créer un lien** de l'onglet **Outils de zone de texte - Format** ou sur le symbole visible sur la zone de texte.

  Le pointeur de la souris prend l'apparence d'une tasse.
- Cliquez sur la zone de texte créée pour écouler le texte.

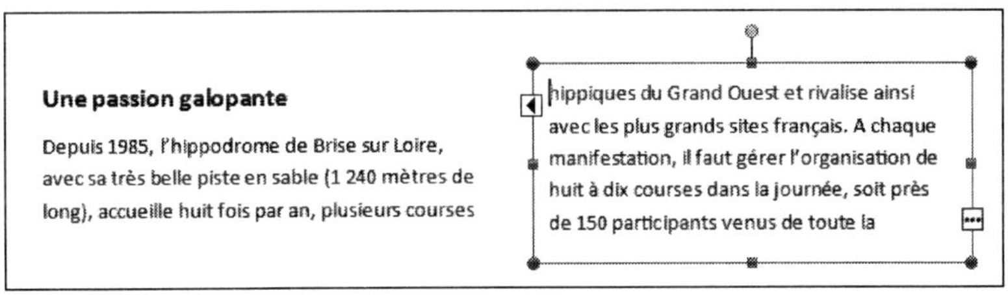

Immédiatement, le "trop plein" de la première zone apparaît dans la seconde. Chacune de ces zones se voit agrémenter d'un bouton et qui permet de passer rapidement d'une zone de texte à l'autre.

- Liez, si besoin est, la seconde zone de texte à une troisième et ainsi de suite jusqu'à ce que tout le texte soit visible.
- Lorsque le point d'insertion est positionné dans une zone de texte liée à une autre, cliquez sur ou sur pour accéder à la zone de texte suivante ; cliquez sur ou sur pour accéder à la zone de texte précédente.

⇨ *Lorsque le point d'insertion est placé à la fin (au début) d'une zone de texte liée, appuyer sur ↓ ou → (↑ ou ←) permet d'accéder directement à la zone de texte liée suivante (précédente).*

⇨ *Pour forcer la rupture du texte à un emplacement précis afin que la suite du texte bascule dans la zone de texte suivante, positionnez le point d'insertion à cet emplacement puis tapez Ctrl ↵.*

⇨ *Pour annuler la liaison entre deux zones de texte, sélectionnez la première des zones de texte puis cliquez sur* *(onglet* ***Outils de zone de texte - Format*** *- groupe* ***Liaison****).*

D- Afficher une mention "Suite" dans les zones de texte liées

Les zones de texte liées doivent se trouver sur des pages différentes :

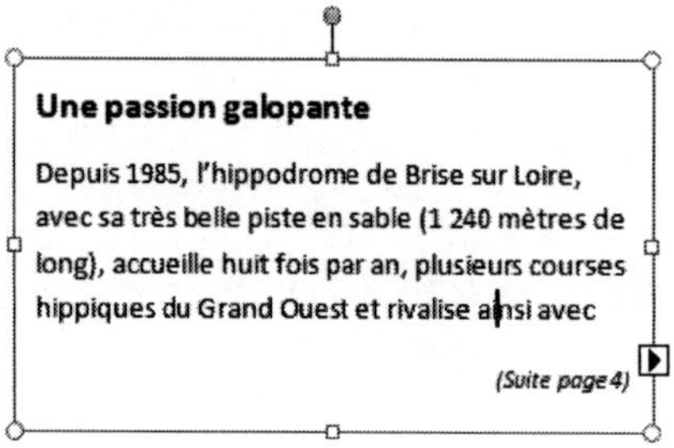

▷ Sélectionnez la zone de texte liée pour laquelle vous souhaitez faire apparaître une mention "Suite".

▷ Cliquez sur le lanceur de boîte de dialogue du groupe **Texte** (ou faites un clic droit sur la zone de texte, choisissez **Format de la zone de texte**) puis cliquez sur l'onglet **Zone de texte**.

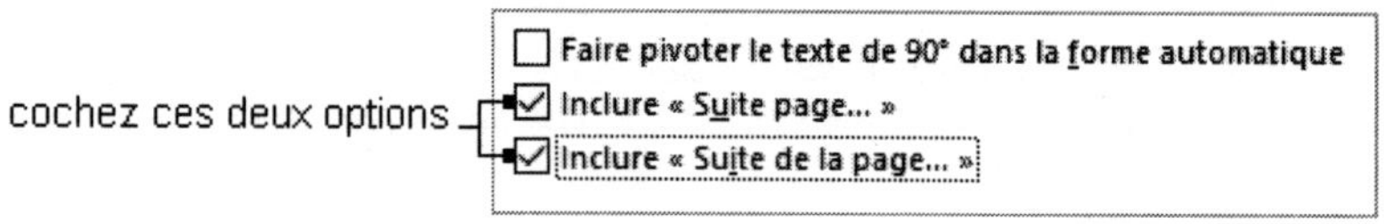

⇨ *Vous pouvez modifier le texte et la présentation correspondant aux mentions "Suite". Pour modifier la présentation de ces textes pour toute la composition, modifiez les styles* ***Suite page*** *et* ***Suite de la page****.*

E- Modifier les marges d'une zone de texte

▷ Cliquez dans la zone de texte puis sur le bouton **Marges** de l'onglet **Outils de zone de texte - Format**.

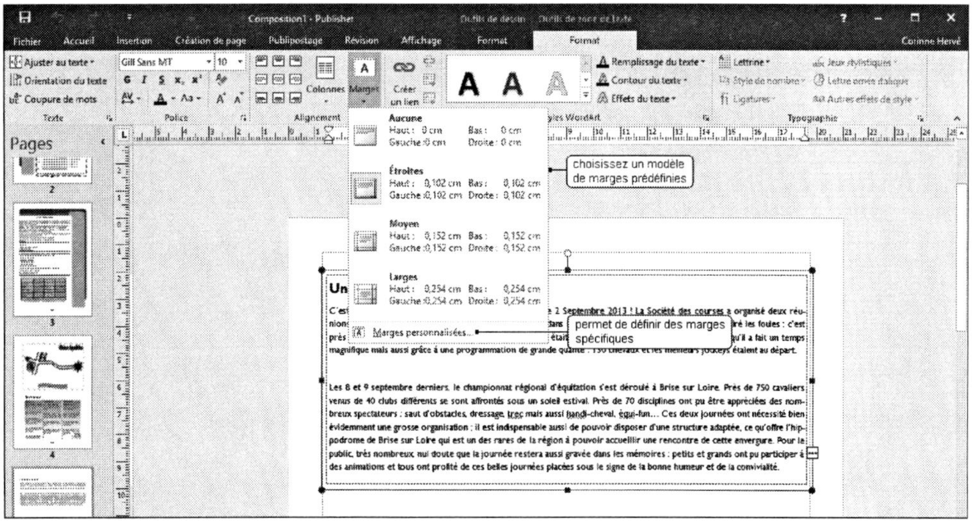

F- Définir la position et l'orientation du texte

Il s'agit de définir la position du texte dans la hauteur et dans la largeur de la zone de texte lorsque celle-ci n'est pas intégralement remplie.

▷ Cliquez dans la zone de texte puis sur une des six icônes du groupe **Alignement** de l'onglet **Outils de zone de texte - Format**.

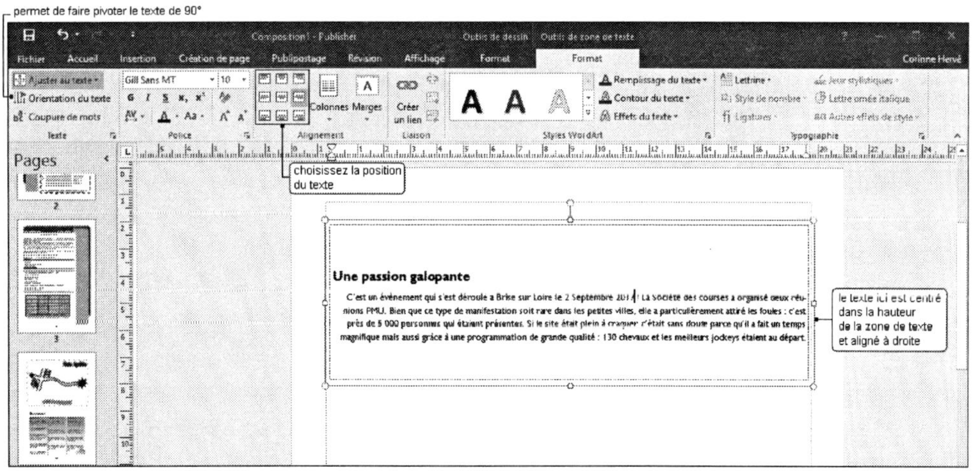

G- Insérer un signet

Un signet permet d'atteindre rapidement un emplacement de la composition.

▷ Accédez à la page ou à la zone de texte dans laquelle vous souhaitez placer le signet.

▷ Dans l'onglet **Insertion**, cliquez sur le bouton **Signet**.

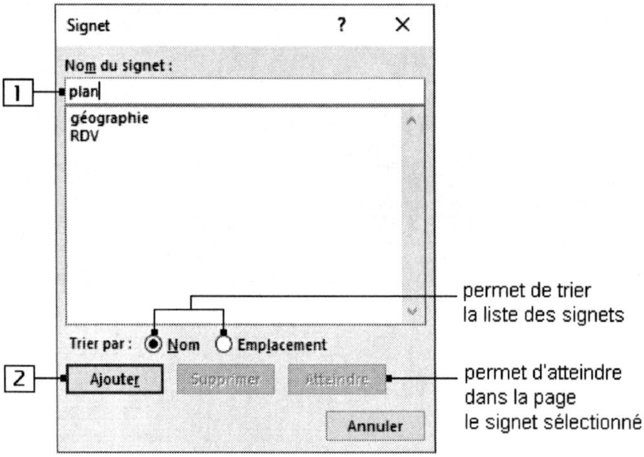

1 Précisez le nom du signet.

2 Créez le signet.

Un objet représentant un drapeau apparaît au centre de la page.

▷ Déplacez le signet à l'emplacement adéquat.

H- Insérer des colonnes dans une zone de texte

Exemple de disposition en colonnes :

Géographie

L'État s'étend au Nord sur la plaine côtière orientale du golfe du Mexique et au sud sur la péninsule de Floride, longue de 645 km, qui sépare le golfe du Mexique de l'océan Atlantique. La péninsule est prolongée au sud par des récifs coralliens (archipel des Florida Keys) et séparée de Cuba par le détroit de Floride. Elle présente un relief tabulaire, culminant à 105 m d'altitude. Elle est parsemée de lacs, dont le plus important est le lac Okeechobee. La partie méridionale de la péninsule est très marécageuse, avec notamment les marais de Big Cypress et des Everglades. Le littoral est bordé de cordons littoraux isolant une série de lagunes dont l'Indian River, qui borde la côte orientale de la Floride sur 210 km de long. Les principales rivières sont l'Apalachicola, la Suwannee et le Saint Johns. Le climat de la Floride est subtropical humide au Nord et tropical humide au sud. Des typhons dévastateurs frappent parfois les côtes

▷ Cliquez dans la zone de texte concernée puis sur le bouton **Colonnes** de l'onglet **Outils de zone de texte - Format**.

- Cliquez sur l'option correspondant au nombre de colonnes souhaité ou cliquez sur l'option **Autres colonnes**.

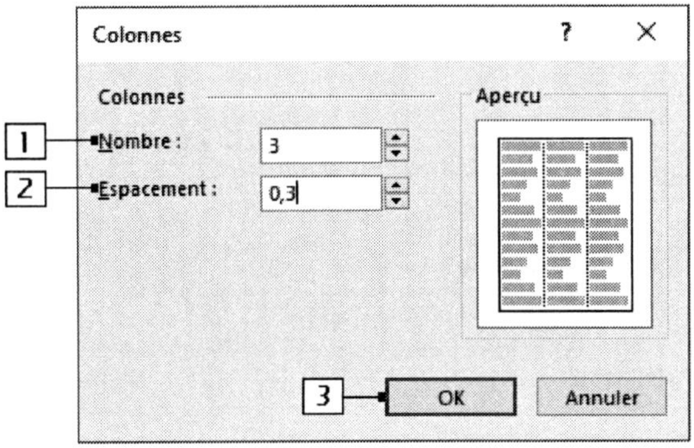

[1] Précisez le nombre de colonnes.

[2] Précisez l'espacement entre chaque colonne.

[3] Cliquez sur **OK**.

- Pour que les lignes de texte soient alignées horizontalement dans les deux colonnes, définissez puis affichez les repères de ligne de base (cf. 2.4 - Les pages maîtres). Sélectionnez le texte concerné ; dans l'onglet **Accueil**, cliquez sur le bouton du groupe **Paragraphe**, dans l'onglet **Retrait et espacement**, activez l'option **Aligner le texte sur les repères de ligne de base**, cliquez sur **OK**.

⇨ *Pour qu'un texte commence obligatoirement au début de la colonne suivante, insérez une rupture de colonne par* [Ctrl] [⇧] [↵].

I- Supprimer une zone de texte et son contenu

- Si la zone de texte est sélectionnée, tapez [Suppr].
- Si le point d'insertion est placé dans la zone de texte, utilisez l'option **Supprimer l'objet** du menu contextuel ou tapez [Ctrl] **X**.

3.2 La saisie du texte

A- Saisir du texte

- Cliquez dans la zone de texte si elle existe ou créez une zone de texte.
- Tapez le texte "au kilomètre", sans vous soucier des retours à la ligne : lorsque le point d'insertion atteint le bord droit de la zone de texte, Publisher le ramène automatiquement au début de la ligne suivante.
- Appuyez sur [↵] pour forcer le retour à la ligne du point d'insertion et créer ainsi un nouveau paragraphe.
- Si la zone de texte n'est pas assez grande pour afficher tout le texte, le bouton [...] apparaît. Vous devez alors agrandir la zone de texte ou la lier à une autre zone de texte (cf. 3.1 - C - Lier deux zones de texte).

B- Corriger un mot en cours de saisie

Par défaut, Publisher souligne d'un trait rouge ondulé les mots qui ont été saisis avec une faute.

▷ Pour afficher une liste de suggestions de correction, cliquez avec le bouton droit sur le mot.

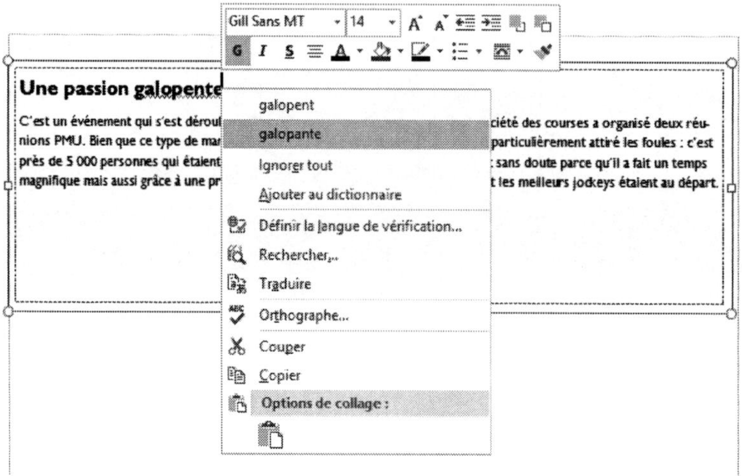

▷ Si une des suggestions vous convient, cliquez dessus ; sinon, cliquez sur **Ignorer tout** ou sur **Ajouter au dictionnaire**.

⇨ *Reportez-vous au titre 3.3 - E - Vérifier l'orthographe pour plus d'informations sur l'utilisation du vérificateur d'orthographe.*

C- Supprimer du texte

▷ Pour supprimer le caractère précédant le point d'insertion, faites [⟵] ; pour supprimer le caractère suivant, faites [Suppr].

▷ Pour supprimer le mot suivant, tapez [Ctrl] [Suppr]. Pour supprimer le mot précédent, tapez [Ctrl] [⟵].

▷ Pour supprimer une partie du texte, sélectionnez-la par un cliqué-glissé puis tapez [Suppr].

⇨ *Lorsque le point d'insertion est visible, pour supprimer le texte et la zone de texte, tapez* [Ctrl] ***X***.

D- Déplacer le point d'insertion

▷ Pour placer le point d'insertion, cliquez à l'endroit voulu ou utilisez les touches de déplacement suivantes :

[→]/[←]	Caractère suivant/précédent,
[Ctrl] [→]/[Ctrl] [←]	Début du mot suivant/précédent,
[Fin]/[↖]	Fin/début de ligne,
[Ctrl] [↓]/[Ctrl] [↑]	Début du paragraphe suivant/précédent,
[Ctrl] [↖]/[Ctrl] [Fin]	Début/fin de la zone de texte.

E- Gérer les paragraphes

▷ Pour diviser un paragraphe en deux, placez le point d'insertion avant le premier caractère du futur paragraphe et appuyez sur la touche [Entrée].

▷ Pour regrouper deux paragraphes, déplacez le point d'insertion à la fin du premier paragraphe puis appuyez sur la touche [Suppr] afin de supprimer le caractère de validation qui sépare les paragraphes.

F- Insérer des tabulations

▷ Au besoin, tapez le texte de début de ligne.

▷ Pour atteindre le taquet de tabulation suivant, appuyez sur la touche [Tab].

Par défaut, vous utilisez les taquets de Publisher qui sont posés tous les centimètres.

▷ Pour revenir au niveau du taquet précédent, supprimez le caractère de tabulation en tapant [Retour arrière].

⇨ *Reportez-vous au chapitre 4.2 - La mise en forme des paragraphes pour voir comment poser des taquets de tabulation.*

G- Insérer des traits d'union/espaces insécables

L'insertion d'un de ces caractères entre deux mots empêche une rupture de ligne entre ces mots : il permet, par exemple, d'éviter une rupture de ligne avant le caractère deux-points (:).

▷ Si les textes sont déjà saisis, supprimez l'espace (ou le trait d'union) existant.

▷ Placez un trait d'union insécable par [Ctrl] [⇧] - ou un espace insécable par [Ctrl] [⇧] [Espace].

⇨ *En affichage des caractères spéciaux, l'espace insécable est matérialisé par le symbole °.*

⇨ *Pour insérer des symboles particuliers dans le texte, tels que ☺ ou ☎, cliquez sur le bouton **Symbole** de l'onglet **Insertion**.*

H- Insérer la date système

Cette date pourra être mise à jour automatiquement à l'ouverture de la composition.

▷ Déplacez le point d'insertion à l'endroit où la date doit apparaître ; cliquez sur l'onglet **Insertion** puis sur le bouton **Date et heure** .

TEXTE

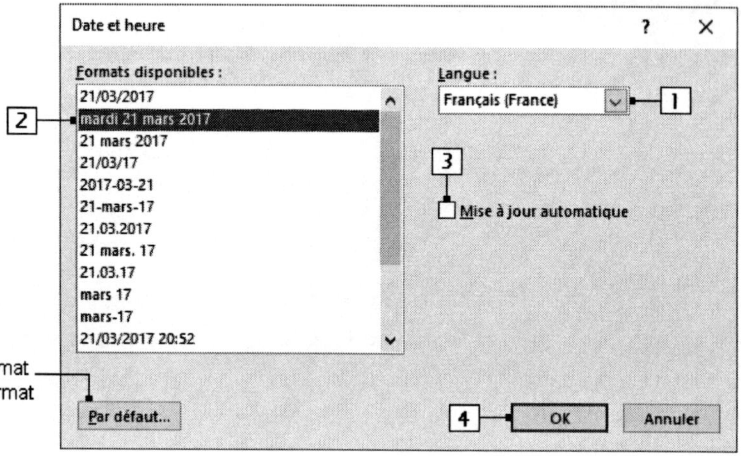

permet de définir le format sélectionné comme format par défaut

[1] Choisissez la langue pour laquelle vous souhaitez afficher les formats de date.

[2] Cliquez sur le format de votre choix.

[3] Cochez cette option si vous souhaitez que la date soit mise à jour à l'ouverture de la composition ou lors de son impression.

[4] Cliquez sur le bouton **OK**.

⇨ *La date et l'heure peuvent aussi être insérées dans l'en-tête ou le pied de page grâce aux outils **Insérer la date** et **Insérer l'heure** de l'onglet **Page maître**.*

I- Provoquer des ruptures de texte

▷ Pour que le texte qui suit soit déplacé dans la zone de texte liée suivante, positionnez le point d'insertion à l'endroit où la rupture doit être réalisée puis tapez Ctrl ↵.

En affichage des caractères spéciaux, la rupture de zone de texte est matérialisée par ....§........ .

▷ Pour que le texte qui suit soit placé au début de la colonne suivante, positionnez le point d'insertion à l'endroit où la rupture doit être réalisée, puis tapez Ctrl ⇧ ↵.

▷ Pour que le texte qui suit soit placé au début de la ligne suivante sans changer de paragraphe, tapez ⇧ ↵.

Activez, si besoin est, l'affichage des caractères spéciaux pour repérer le caractère symbolisant le saut de ligne :

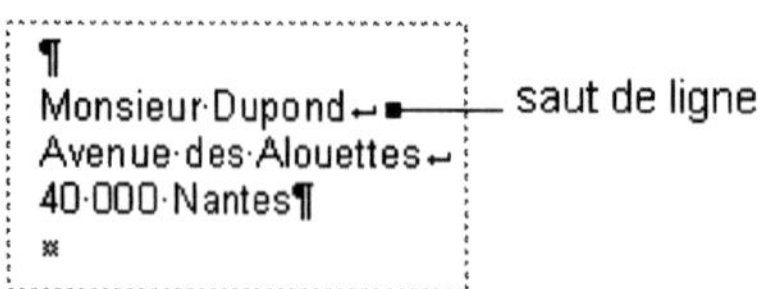

3.3 La modification du texte

A- Sélectionner du texte

- Pour sélectionner un mot, faites un double clic dessus.
- Pour sélectionner un paragraphe, faites un triple clic.
- Pour sélectionner un groupe de caractères, utilisez le cliqué-glissé ou le ⇧ clic :

cliqué-glissé	cliquez avant le premier caractère à sélectionner et, sans relâcher le bouton de la souris, faites-la glisser pour étendre la sélection ; lorsque la sélection est correcte, relâchez le bouton de la souris.
⇧ clic	cliquez avant le premier caractère à sélectionner, pointez après le dernier, maintenez la touche ⇧ enfoncée et cliquez.

- Au clavier, placez le point d'insertion avant le premier caractère à sélectionner, appuyez sur la touche ⇧ et, sans la relâcher, utilisez les touches de déplacement nécessaires à la sélection. Exemple : ⇧ Ctrl → sélectionne la fin du mot puis le mot suivant.
- Pour sélectionner tout le contenu de la zone de texte, tapez Ctrl **A**.

B- Déplacer/copier du texte

Par l'intermédiaire du Presse-papiers

- Sélectionnez le texte à transférer.
- Si vous souhaitez déplacer la sélection, cliquez sur l'outil **Couper** de l'onglet **Accueil** ou tapez Ctrl **X**.

  Si vous souhaitez copier la sélection, cliquez sur l'outil **Copier** de l'onglet **Accueil** ou tapez Ctrl **C**.

  La sélection est alors déplacée ou copiée dans le Presse-papiers.
- Placez le point d'insertion à l'endroit où vous souhaitez faire apparaître le texte.
- Dans l'onglet **Accueil**, cliquez sur l'outil **Coller** ou tapez Ctrl **V**.

  *La sélection apparaît ainsi qu'un bouton appelé **Options de collage*** (Ctrl).

▷ Si la mise en forme appliquée au texte collé ne vous convient pas, cliquez sur le bouton  :

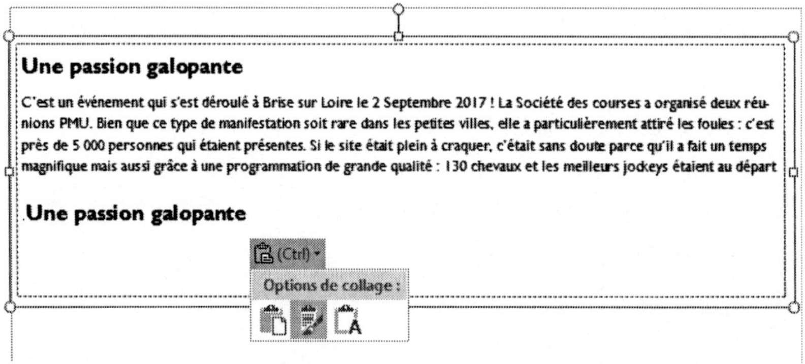

Cliquez sur :

 ou  Pour coller le texte avec tous les attributs de mise en forme (taille des caractères, polices, gras, italique, couleurs...).

 Pour copier uniquement le texte sans aucun attribut de mise en forme : le texte adopte alors les attributs du paragraphe courant.

*Vous retrouvez ces choix en cliquant sur le triangle noir visible sous le bouton **Coller***  *de l'onglet **Accueil**.*

*Pour copier ou déplacer, vous pouvez aussi utiliser le volet **Presse-Papiers** : il permet de visualiser les derniers éléments placés dans le Presse-papiers par "Copié" ou "Coupé".*

▷ Pour le faire apparaître, cliquez sur le bouton du groupe **Presse-papiers**.

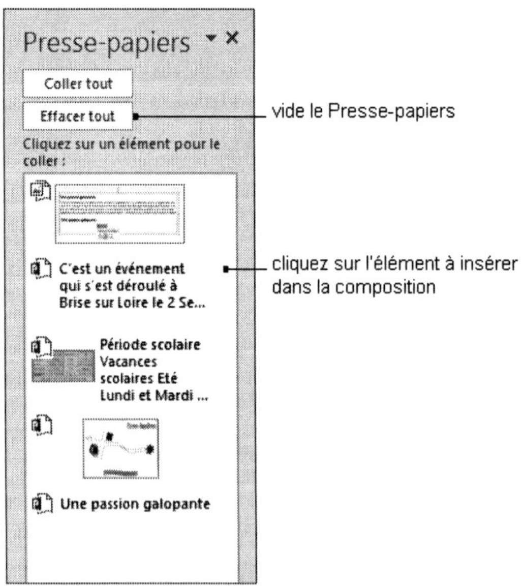

Sans le Presse-papiers

- Sélectionnez le texte à transférer puis pointez-le.
- S'il s'agit d'une copie, appuyez sur la touche Ctrl et réalisez un cliqué-glissé jusqu'à la destination de la copie.

  S'il s'agit d'un déplacement, réalisez un simple cliqué-glissé vers la nouvelle position de la sélection.

C- Rechercher du texte

- Placez le point d'insertion dans la zone de texte où la recherche doit commencer.
- Dans l'onglet **Accueil**, cliquez sur le bouton **Rechercher** du groupe **Modification** ou tapez Ctrl **F**.

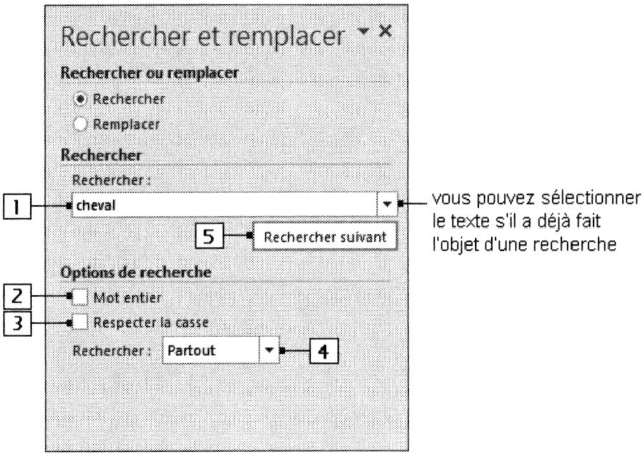

1 Précisez le texte recherché.

2 Cochez cette option si les textes cherchés constituent des mots à part entière.

3 Cochez cette option pour trouver le mot cherché avec la combinaison exacte de majuscules et de minuscules saisies dans la zone **Rechercher**.

4 Suivant la position du point d'insertion, déterminez si la recherche doit se faire vers le haut ou vers le bas dans la zone de texte active ou **Partout**, c'est-à-dire dans toute la composition.

5 Lancez la recherche.

Immédiatement, le premier texte correspondant est sélectionné dans la composition.

- Si le texte sélectionné n'est pas celui que vous recherchez, poursuivez la recherche par le bouton **Rechercher suivant**.

  Lorsque la recherche est terminée, le message suivant apparaît :

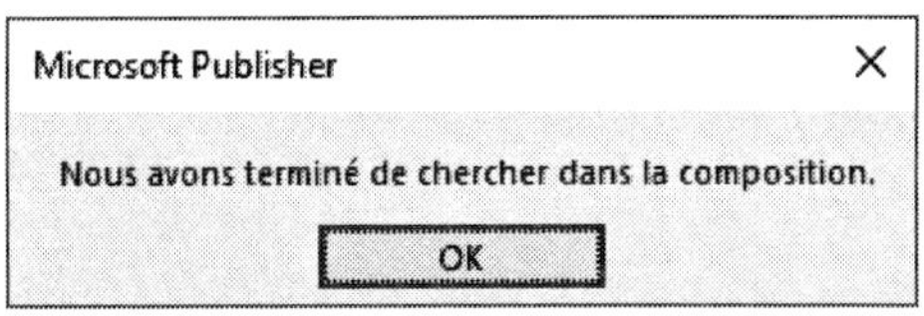

TEXTE

▷ Cliquez sur **OK**.

⇨ *Vous pouvez utiliser le caractère ? pour remplacer un caractère quelconque : si vous saisissez ?oiture, par exemple, Publisher trouvera voiture, toiture...*

D- Remplacer un texte par un autre

▷ Placez le point d'insertion dans la zone de texte, à l'endroit où Publisher doit commencer la recherche.

▷ Dans l'onglet **Accueil**, cliquez sur le bouton **Remplacer** du groupe **Modification** ou tapez Ctrl **H**.

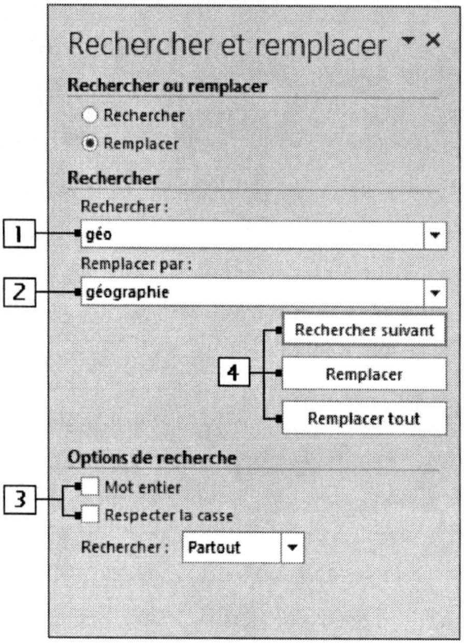

1 Saisissez le texte à rechercher.

2 Saisissez le texte de remplacement.

3 Définissez les options de la recherche (cf. 3.3 - C - Rechercher du texte).

4 Si les remplacements doivent être faits un à un, cliquez sur le bouton **Rechercher suivant** puis sur le bouton **Remplacer** ; s'ils doivent tous être réalisés, cliquez sur le bouton **Remplacer tout**.

E- Vérifier l'orthographe

▷ Positionnez le point d'insertion dans la première zone de texte à vérifier.

▷ Dans l'onglet **Révision**, cliquez sur le bouton **Orthographe** 

ou tapez F7.

ce mot n'existe pas dans le dictionnaire de Publisher

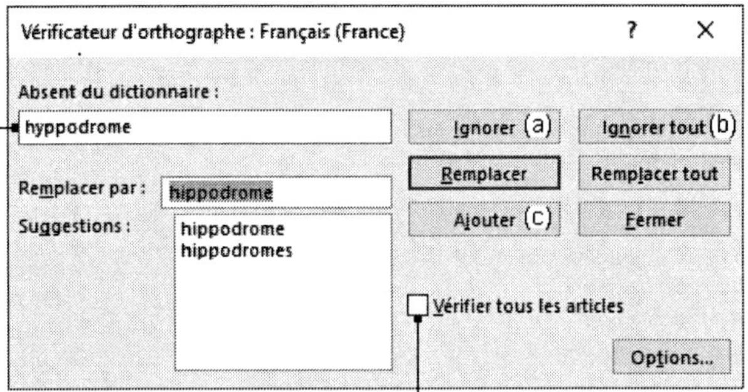

permet de vérifier tous les textes de la composition

- Si le mot est correctement orthographié, cliquez sur :
  - (a) pour laisser le mot inchangé et poursuivre la vérification.
  - (b) pour ignorer le mot et toutes ses occurrences au cours de la vérification.
  - (c) pour ajouter le mot dans le dictionnaire afin que Publisher puisse le reconnaître ultérieurement.
- Si le mot est mal orthographié et si la bonne orthographe est proposée dans la liste **Suggestions**, faites un double clic sur la bonne orthographe du mot. Dans le cas contraire, si vous connaissez l'orthographe correcte, saisissez-la dans la zone de saisie **Remplacer par** puis cliquez sur le bouton **Remplacer**.

  *Le bouton **Remplacer tout** permet de corriger automatiquement une même faute répétée dans tout le texte.*

⇨ *Vous pouvez définir les options de la vérification orthographique dans la boîte de dialogue **Options Publisher** : onglet **Fichier - Options** - catégorie **Vérification**.*

⇨ *Pour effectuer une vérification orthographique dans une autre langue, choisissez la langue de vérification à partir du bouton **Langue** de l'onglet **Révision**.*

F- Définir les options de la correction automatique

Grâce à cette technique, Publisher peut corriger vos fautes de frappe habituelles (par exemple, si vous tapez souvent "modifeir" au lieu de "modifier").

- Dans la boîte de dialogue **Options Publisher** (onglet **Fichier - Options**), sélectionnez la catégorie **Vérification** puis cliquez sur le bouton **Options de correction automatique**.

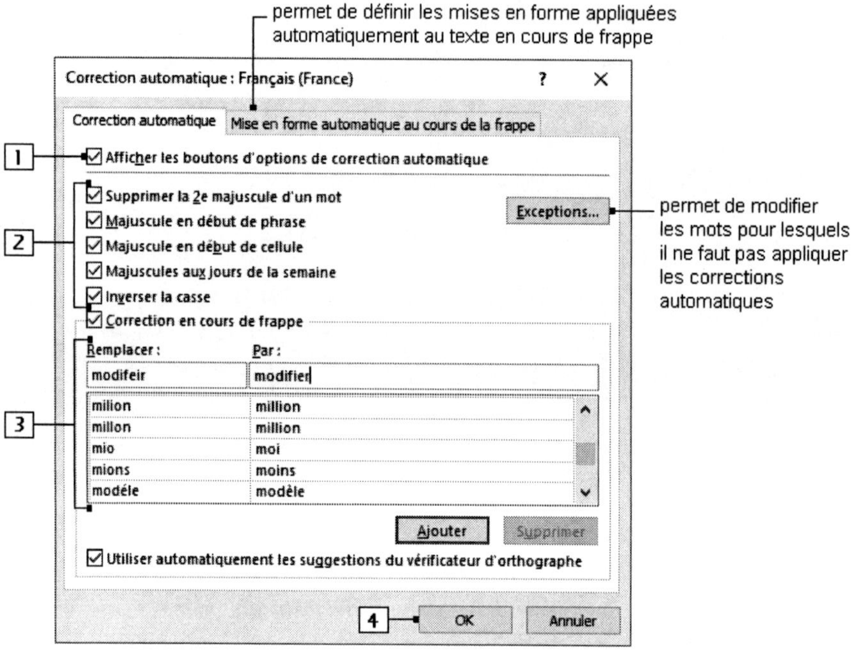

1 Laissez cochée cette option pour que le bouton apparaisse sous les mots pour lesquels Publisher a effectué une correction automatique ; lorsque vous pointez ce bouton, le bouton **Correction automatique** apparaît.

2 Laissez cochées les cinq options suivantes si vous souhaitez que ce type de faute soit corrigé automatiquement lorsque vous saisissez du texte.

3 Si vous commettez souvent une même faute, tapez le mot avec la faute dans la zone **Remplacer** puis tapez le mot correctement orthographié dans la zone **Par**. Cliquez ensuite sur le bouton **Ajouter**.

4 Terminez par le bouton **OK**.

⇨ *Lorsque le pointeur de la souris se trouve sur un mot qui a fait l'objet d'une correction automatique, un petit rectangle bleu apparaît sous le mot ; en pointant ce rectangle, vous verrez apparaître le bouton **Options de correction automatique**. Cliquez sur ce bouton pour faire apparaître le menu correspondant :*

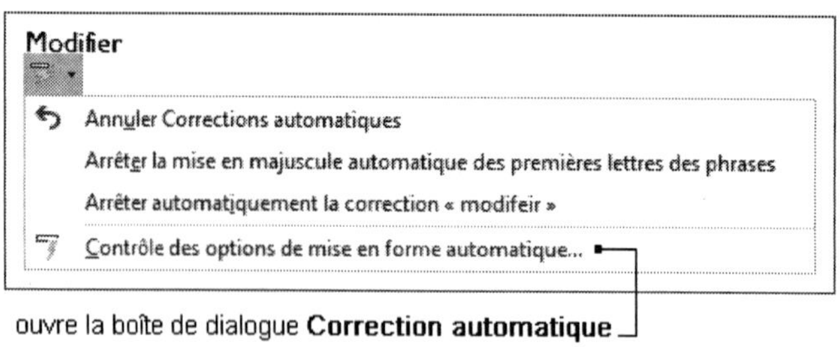

G- Rechercher les synonymes d'un mot

▷ Cliquez dans le mot pour lequel vous souhaitez trouver un synonyme.

▷ Dans l'onglet **Révision**, cliquez sur le bouton **Dictionnaire des synonymes**  ou tapez ⇧ F7.

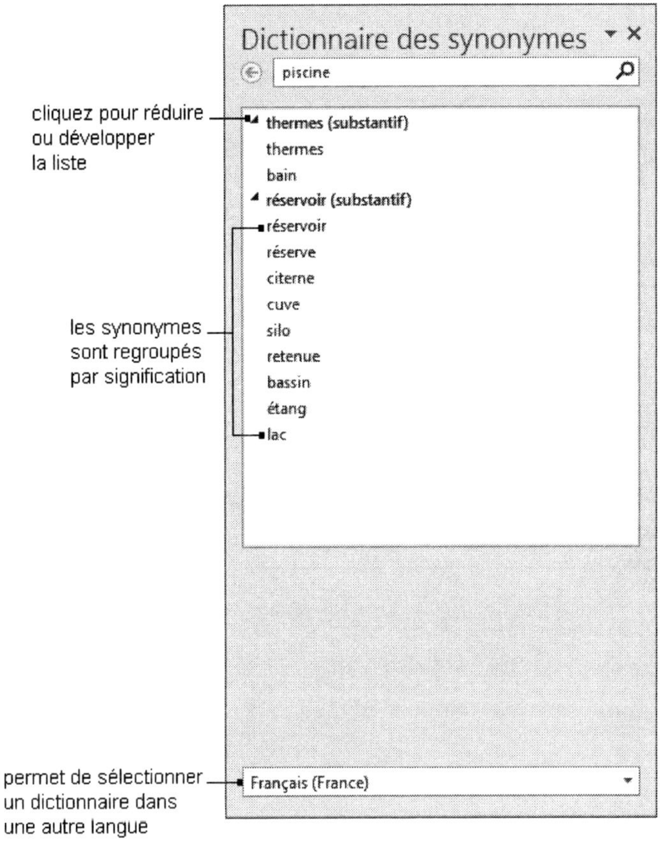

▷ Pour afficher le synonyme d'un synonyme, cliquez sur celui-ci.

Il apparaît alors dans la zone de saisie ***Rechercher*** *et les différentes listes de synonymes sont modifiées.*

▷ Pour retrouver la liste précédente, cliquez sur .

▷ Lorsque vous avez trouvé le synonyme qui vous convient, pointez-le, cliquez sur le bouton  qui apparaît alors puis cliquez sur **Insérer** pour remplacer le mot sélectionné par son synonyme.

H- Gérer la césure des mots

La césure correspond à la coupure des mots par un trait d'union. Lorsque l'alignement est justifié, les césures permettent de réduire les espaces insérés entre chaque mot. Par défaut, la césure automatique des mots est activée, mais vous pouvez la suspendre ou, au contraire, insérer vos propres césures.

▷ Pour forcer la césure d'un mot, positionnez le point d'insertion là où vous souhaitez couper le mot puis tapez Ctrl **-**.

Les industries sont variées : imprimerie, agroalimentaire (jus de fruits, conserveries), armement et défense, équipement électrique et électronique, chimie (engrais, matières plastiques), industries pharmaceutiques, textile et confection, industries dérivées du bois (papeteries) et du tabac. Sur la côte orientale, à Cap Canaveral, est installée le grand centre spatial de la NASA.	Les industries sont variées : imprimerie, agroalimentaire (jus de fruits, conserveries), armement et défense, équipement électrique et électronique, chimie (engrais, matières plastiques), industries pharmaceutiques, textile et confection, industries dérivées du bois (pa-peteries) et du tabac. Sur la côte orientale, à Cap Canaveral, est installée le grand centre spatial de la NASA.

Dans le cadre de droite, la césure sur le mot "papeteries" a permis de réduire les espaces entre les mots "industries dérivées du bois". Vous insérez ainsi un tiret conditionnel : ce tiret n'apparaît que lorsqu'il se trouve en fin de ligne ; sinon il reste invisible.

▷ Pour vérifier manuellement l'ensemble des césures effectuées sur le texte, cliquez sur l'onglet **Outils de zone de texte - Format** puis sur le bouton **Coupure de mots** ou tapez Ctrl ⇧ **H**.

▷ Pour annuler toutes les césures automatiques du texte, désactivez l'option **Coupure automatique**.

▷ Pour définir vous-même les césures du texte (si la **Coupure automatique** est désactivée) ou pour modifier les césures proposées (si la **Coupure automatique** est activée), cliquez sur le bouton **Manuelle**.

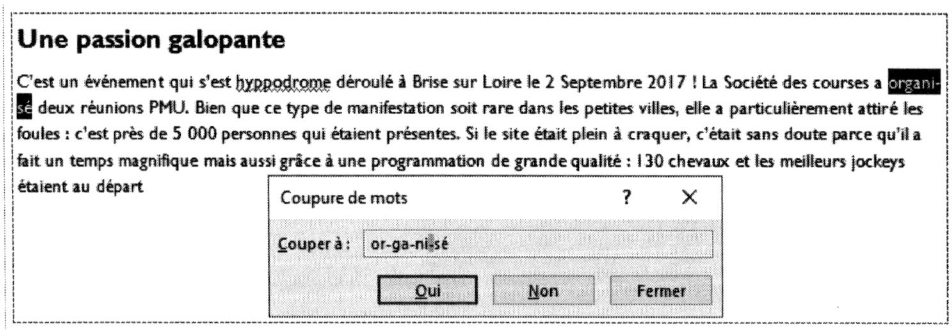

Vous pouvez déplacer le point d'insertion en cliquant sur un autre trait d'union ; s'il n'y a pas suffisamment de place sur la ligne, la césure ne sera cependant pas effectuée.

▷ Déterminez si la césure vous convient (bouton **Oui**) ou pas (bouton **Non**) ou encore si elle doit être déplacée (clic à l'endroit voulu puis bouton **Oui**).

*Si la césure est automatique, cliquer sur **Non** n'empêche pas la césure.*

▷ Poursuivez ainsi la vérification puis cliquez sur le bouton **Fermer** pour stopper.

⇨ *Lors de la saisie du texte, tapez* Ctrl ⇧ - *au lieu d'un tiret normal (-) pour éviter que les mots reliés par le tiret soient séparés par une césure automatique (exemple : pour éviter de couper Loire-Atlantique).*

⇨ *Si vous souhaitez désactiver la césure automatique pour toutes les nouvelles zones de texte créées, désactivez l'option correspondante de la boîte de dialogue **Options Publisher** (onglet **Fichier - Options** - catégorie **Options avancées**).*

4.1 La mise en valeur des caractères

A- Mettre en valeur des caractères

▷ Si les caractères concernés sont déjà saisis, sélectionnez-les. Si seul un mot est concerné, il suffit de cliquer dans le mot.

▷ Cliquez sur le ou les outils de l'onglet **Accueil** ou de l'onglet **Outils de zone de texte - Format** : [G] **Gras**, [I] *Italique*, [S] <u>Souligné</u>.

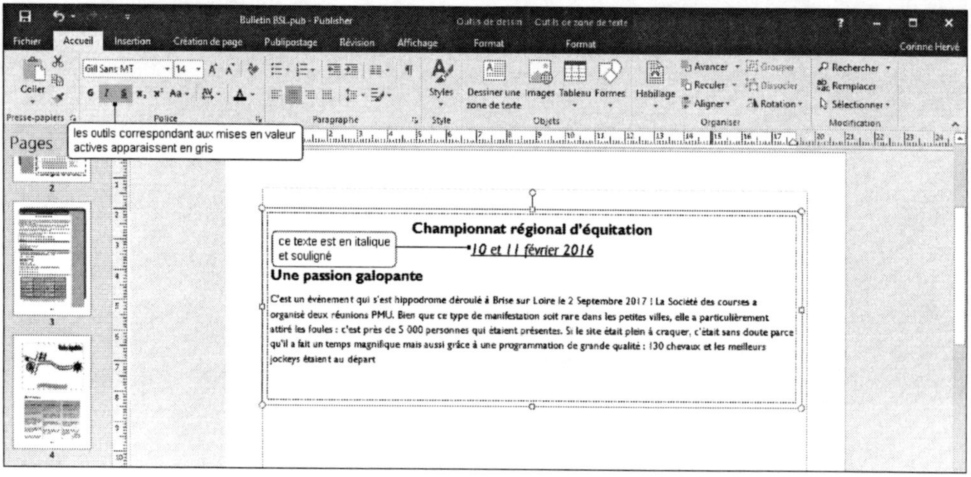

▷ Ces outils se retrouvent sur la mini barre d'outils qui apparaît après sélection d'un texte :

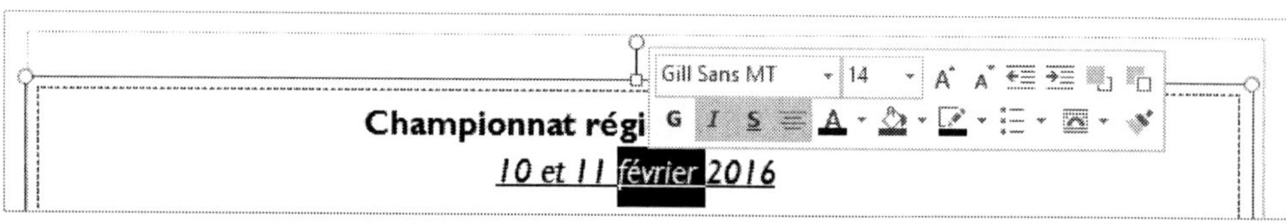

▷ Au clavier, utilisez les raccourcis-clavier suivants :

Ctrl G	**Gras**	Ctrl ⇧ =	Position Exposant
Ctrl I	*Italique*	Ctrl =	Position Indice
Ctrl U	<u>Souligné</u>		

▷ Vous pouvez aussi définir la mise en valeur à partir de la boîte de dialogue **Police** : cliquez sur le Lanceur de boîte de dialogue du groupe **Police**.

sélectionnez les mises en valeur à activer

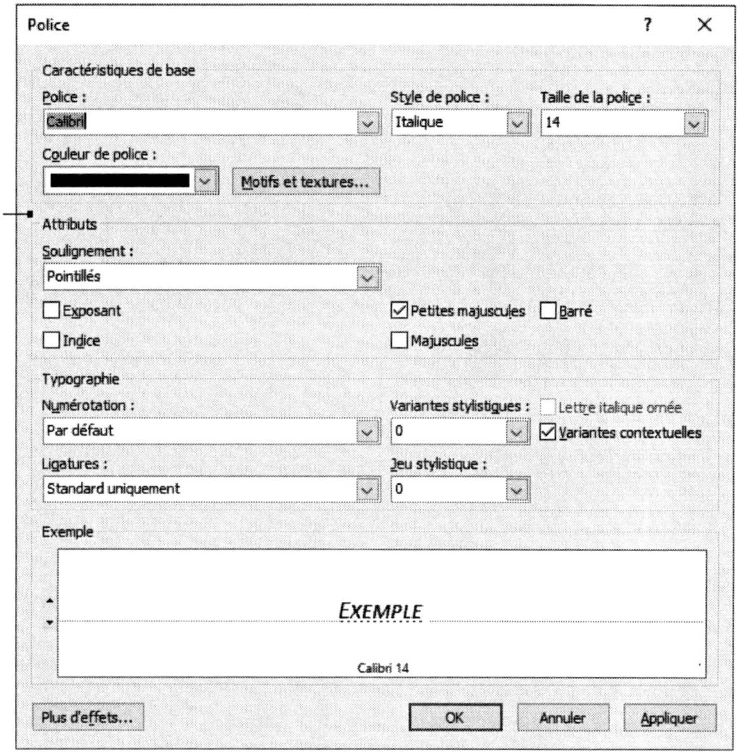

⇨ *Pour annuler une mise en valeur, refaites la manipulation qui a permis de l'activer ; pour désactiver le gras, par exemple, tapez* [Ctrl] ***G***.

⇨ *Pour annuler toutes les mises en valeur du texte sélectionné, tapez* [Ctrl] [Espace].

B- Modifier la police/la taille des caractères

▷ Si le texte est déjà saisi, sélectionnez les caractères. Si seul un mot est concerné, il suffit de cliquer dans le mot.

▷ Ouvrez la liste déroulante **Police** ou **Taille de police** de l'onglet **Accueil** ou de l'onglet **Outils de zone de texte - Format**.

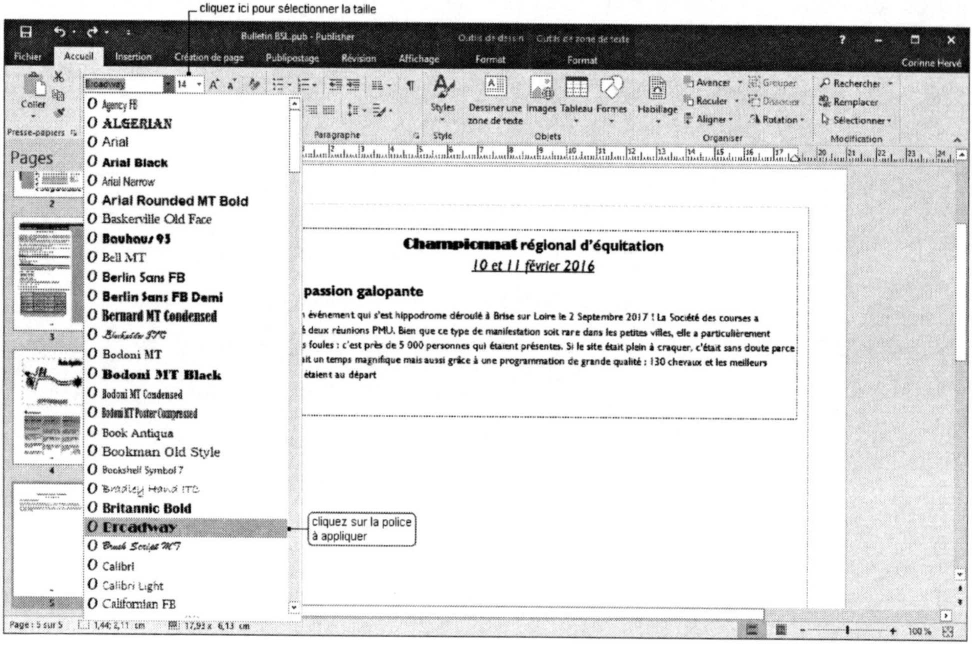

⇨ *Vous pouvez aussi utiliser les listes déroulantes **Police** et **Taille de la police** de la boîte de dialogue **Police**.*

⇨ *Pour diminuer ou augmenter la taille des caractères, vous pouvez utiliser les outils [A˅] ou [A˄] ; pour réduire la taille des caractères, vous pouvez aussi utiliser le raccourci-clavier* Ctrl **>**.

C- Appliquer des effets typographiques au texte

Publisher propose des fonctionnalités de mise en forme de texte avancées permettant, par exemple, de modifier le type de ligature ou encore de choisir un autre jeu stylistique. Ces nouvelles fonctionnalités s'utilisent avec n'importe quelle police OpenType (police utilisant un fichier de police unique commun à Windows® et Macintosh®) et certaines polices TrueType incluant les fonctionnalités OpenType telles que les polices Calibri, Cambria, Candara, Constantia, Corbel ou Gabriola ; elles permettent de créer des effets très intéressants pour des titres par exemple.

*Dans la liste **Police** de l'onglet **Accueil**, le symbole O s'affiche à gauche des polices OpenType.*

▷ Sélectionnez le texte concerné.

▷ Cliquez sur le bouton du groupe **Police** ou **Typographie** pour ouvrir la boîte de dialogue **Police**.

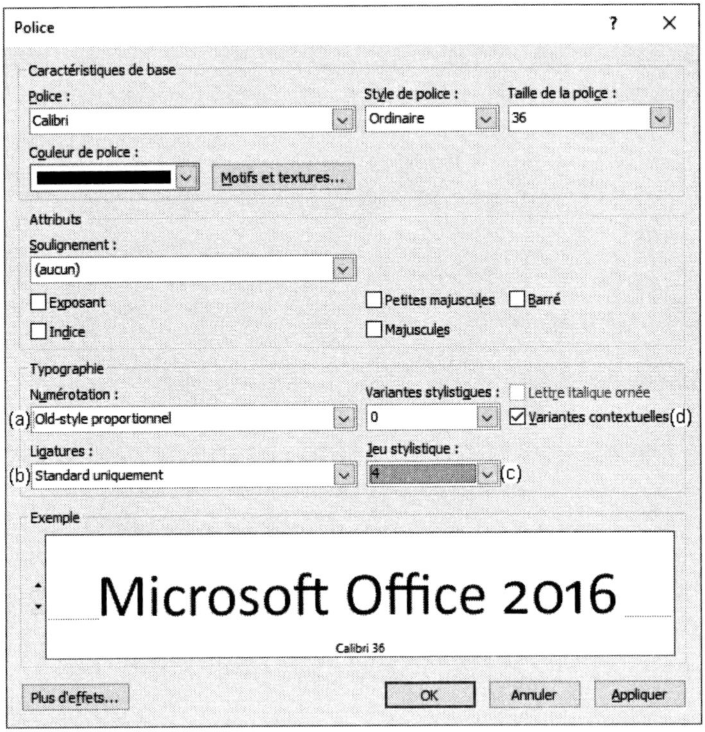

(a) Choisissez comment les chiffres doivent être espacés :

556,59
121,12

espacement proportionnel (Lining proportionnel)

556,59
121,12

espacement tabulaire (Lining tabulaire) : les chiffres ont tous la même largeur

123456789

Old-style proportionnel : les chiffres sont présentés à l'ancienne

123456789

Old-syle tabulaire

(b) Permet de regrouper certains couples de caractères (comme le f et le i, le f et le l ou encore le t et le h) en un seul caractère afin de créer un texte plus lisible ou plus esthétique :

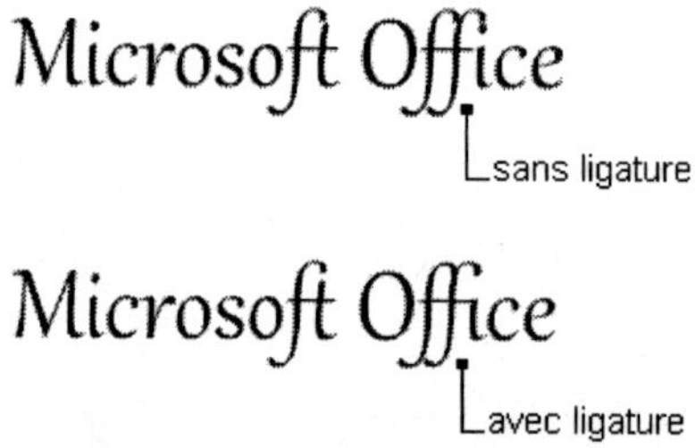

(c) Permet d'améliorer l'esthétique du texte, par exemple pour la police Gabriola :

(d) Cochez cette option pour que Publisher vous propose, lors de l'utilisation de certaines polices, des caractères de remplacement pour améliorer la liaison des lettres.

⇨ *Vous retrouvez ces différents choix dans l'onglet* ***Outils de zone de texte - Format*** *- groupe* ***Typographie****.*

D- Modifier la couleur des caractères

Nous vous rappelons qu'un modèle de couleurs est un ensemble défini de couleurs associé à une composition. Les modèles de couleurs sont accessibles à partir du groupe ***Jeux*** *de l'onglet* ***Création de page****.*

▷ Sélectionnez les caractères concernés s'ils sont déjà saisis. Si seul un mot est concerné, il suffit de cliquer dans le mot.

▷ Dans l'onglet **Accueil** ou dans l'onglet **Outils de zone de texte - Format**, cliquez sur le triangle de l'outil A afin de faire apparaître la palette de couleurs :

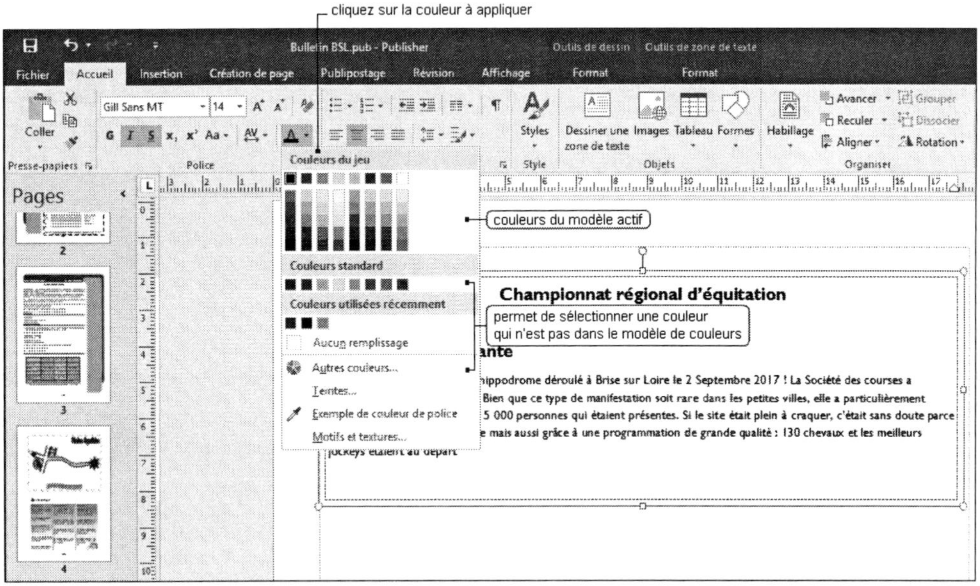

⇨ *Si vous changez le modèle de couleurs associé à la composition, les caractères possédant une couleur du modèle changeront automatiquement de couleur ; il en est de même si vous copiez du texte dans une autre composition associée à un modèle de couleurs différent.*

Appliquer un dégradé

▷ Sélectionnez les caractères concernés s'ils sont déjà saisis. Si seul un mot est concerné, il suffit de cliquer dans le mot.

▷ Dans l'onglet **Accueil** ou dans l'onglet **Outils de zone de texte - Format**, cliquez sur le triangle de l'outil A afin de faire apparaître la palette de couleurs puis cliquez sur **Motifs et textures**.

▷ Activez l'option **Remplissage dégradé** puis définissez les paramètres du dégradé comme pour un objet (cf. 6.2 - E - Appliquer un dégradé au fond d'un objet).

Modifier le contour des caractères

▷ Sélectionnez le texte puis cliquez sur le bouton **Contour du texte** de l'onglet **Outils de zone de texte - Format**.

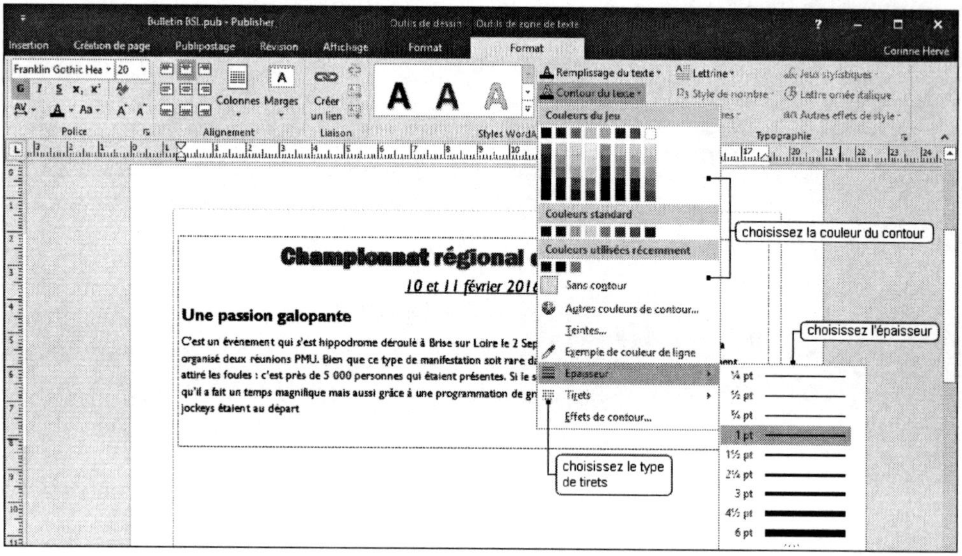

▷ Pour appliquer d'autres effets au contour, cliquez sur l'option **Effets de contour**.

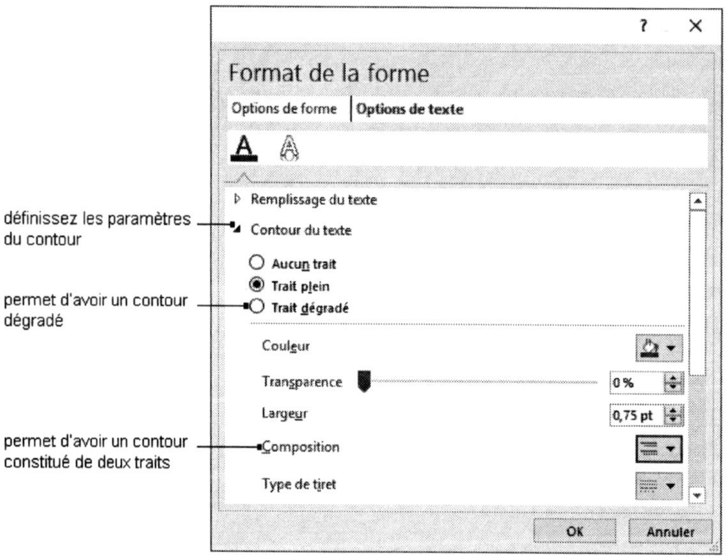

E- Appliquer des effets au texte

▷ Sélectionnez le texte concerné puis cliquez sur le bouton **Effets du texte** de l'onglet **Outils de zone de texte - Format**.

⇨ *Ces effets sont aussi accessibles à partir du bouton **Plus d'effets** de la boîte de dialogue **Police**.*

⇨ *Vous pouvez aussi appliquer un effet WordArt au texte à partir de la galerie **Styles WordArt** de l'onglet **Outils de zone de texte - Format**.*

F- Modifier les espacements entre les caractères

*Cette technique permet de modifier l'espacement entre tous les caractères (**interlettrage**) d'une zone de texte ou entre deux caractères (**crénage**).*

▷ Pour régler l'interlettrage, sélectionnez le texte concerné puis choisissez l'espacement à partir de l'outil 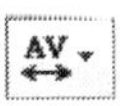 de l'onglet **Outils de zone de texte - Format** ou de l'onglet **Accueil**.

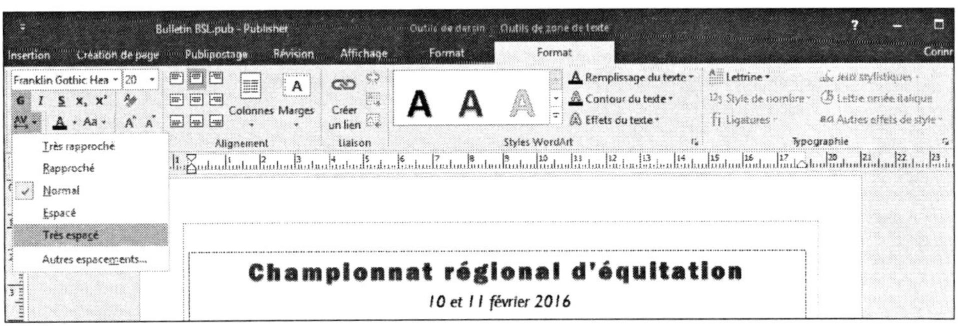

▷ Pour régler le crénage, cliquez entre les deux caractères concernés, cliquez sur l'outil 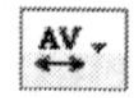 puis sur **Autres espacements**.

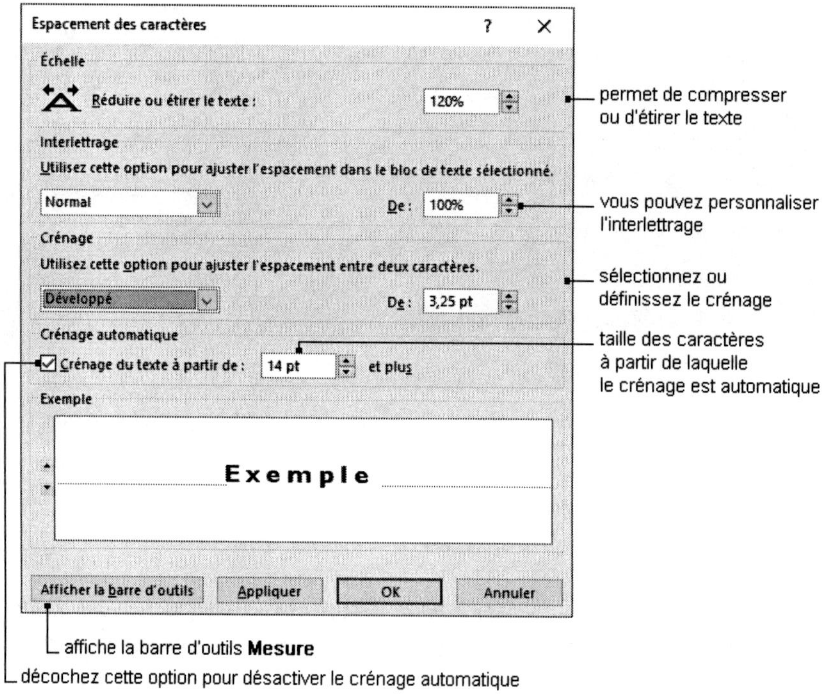

⇨ *Vous pouvez aussi utiliser les zones de saisie*  *et/ou* 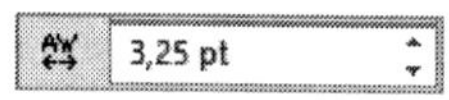 *de la barre d'outils **Mesure** pour modifier l'interlettrage et/ou le crénage ; pour afficher cette barre d'outils, cliquez sur le bouton **Position des objets** visible sur la gauche de la barre d'état.*

G-Ajouter une lettrine

Une lettrine est la première lettre d'un paragraphe qui possède une mise en forme particulière :

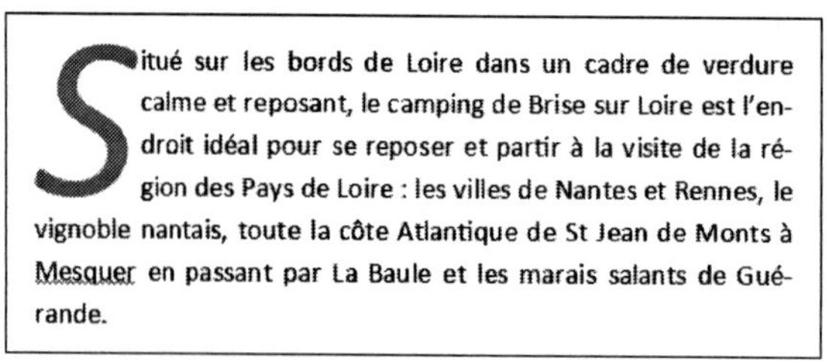
Situé sur les bords de Loire dans un cadre de verdure calme et reposant, le camping de Brise sur Loire est l'endroit idéal pour se reposer et partir à la visite de la région des Pays de Loire : les villes de Nantes et Rennes, le vignoble nantais, toute la côte Atlantique de St Jean de Monts à Mesquer en passant par La Baule et les marais salants de Guérande.

▷ Sélectionnez les paragraphes concernés ou positionnez le point d'insertion dans le paragraphe concerné.

▷ Cliquez sur le bouton **Lettrine** de l'onglet **Outils de zone de texte - Format**.

▹ Cliquez sur une des lettrines proposées ou sur **Lettrine personnalisée** :

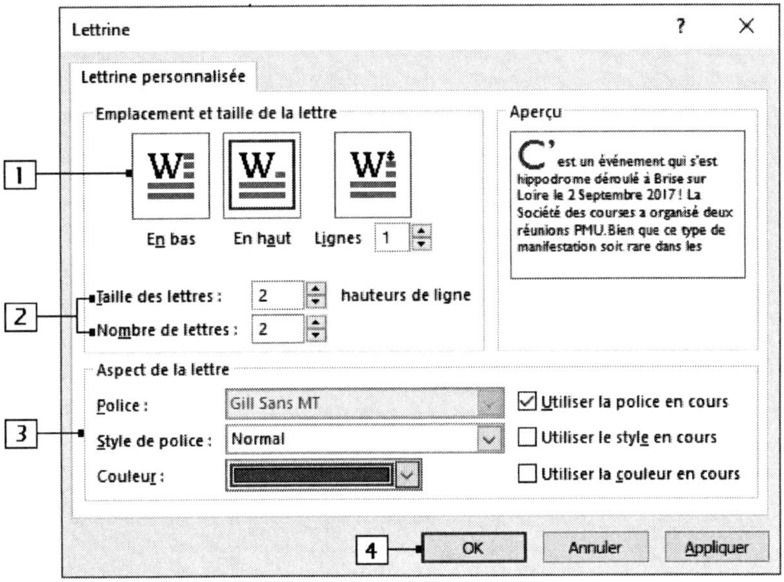

[1] Définissez la position de la lettrine par rapport au texte.

[2] Sélectionnez la taille en nombre de lignes ainsi que le nombre de lettres à placer en lettrine.

[3] Sélectionnez la police, le style et la couleur de la lettrine.

[4] Cliquez sur **OK**.

*La lettrine personnalisée apparaîtra ensuite dans la liste associée au bouton **Lettrine**.*

⇨ *Pour supprimer la lettrine d'un paragraphe, activez le premier choix (**Aucune Lettrine**) de la liste associée à l'outil **Lettrine**.*

4.2 La mise en forme des paragraphes

A- Modifier l'alignement des paragraphes

▹ Placez le point d'insertion dans le paragraphe concerné ou sélectionnez les paragraphes concernés.

▹ Cliquez sur l'outil correspondant de l'onglet **Accueil** :

Alignement gauche	Alignement droit
Alignement centré	Alignement justifié

- Vous pouvez aussi utiliser la boîte de dialogue **Paragraphe** : cliquez sur le Lanceur de boîte de dialogue du groupe **Paragraphe** puis choisissez l'**Alignement** dans la liste de même nom.

  *L'option **Distribué** permet de justifier le texte en insérant des espaces égaux entre les mots. L'option **Répartir toutes les lignes** permet de justifier aussi la dernière ligne du paragraphe.*

- Vous pouvez aussi utiliser les raccourcis-clavier suivants :

Ctrl ⇧ **G**	pour aligner à gauche
Ctrl **T**	pour centrer
Ctrl ⇧ **D**	pour aligner à droite
Ctrl **J**	pour justifier

B- Appliquer des retraits aux paragraphes

Voici l'incidence sur la présentation des paragraphes des différents types de retrait existants :

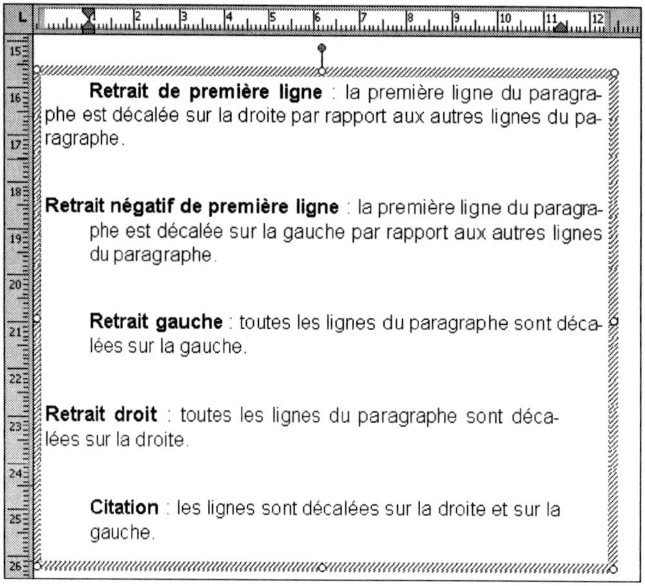

À l'aide de la règle

- Sélectionnez les paragraphes concernés ou positionnez le point d'insertion dans le paragraphe.
- Faites glisser les marques des retraits en fonction de la présentation attendue :

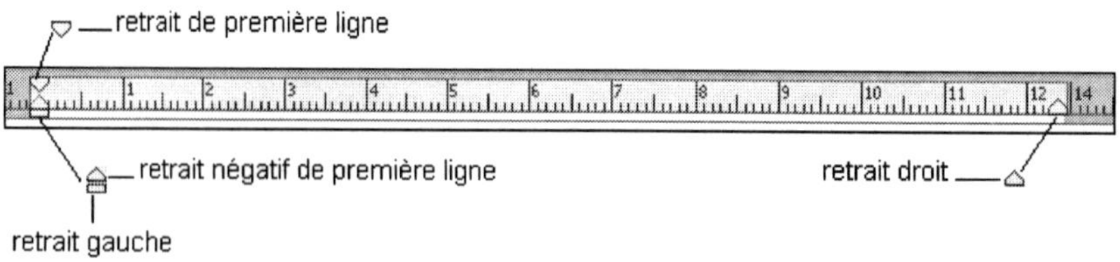

- *Lorsque vous déplacez la marque du retrait gauche, les autres marques de retrait sont également déplacées.*
- *Pour appliquer un retrait gauche, vous pouvez aussi utiliser les outils et de l'onglet **Accueil**.*

À l'aide de la boîte de dialogue Paragraphe

- Sélectionnez les paragraphes concernés ou positionnez le point d'insertion dans le paragraphe.
- Dans l'onglet **Accueil**, cliquez sur le Lanceur de boîte de dialogue du groupe **Paragraphe** ou faites un double clic sur une des marques de retrait de la règle.

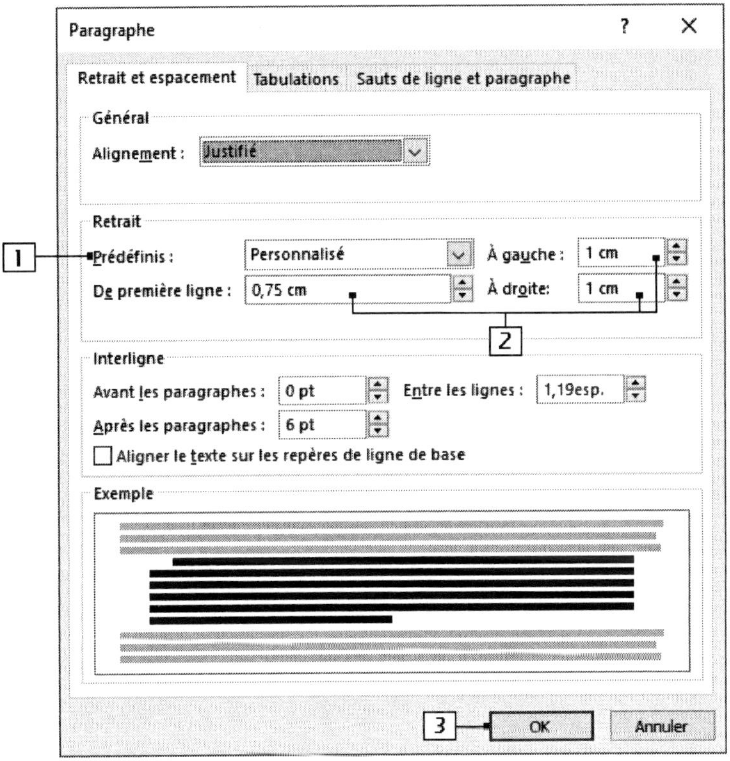

[1] Choisissez le type de retrait voulu.

[2] Saisissez les valeurs de retrait désirées.

[3] Cliquez sur le bouton **OK**.

C- Créer une liste à puces

Il s'agit d'obtenir ce style de présentation :

> ⇒ **Aquagym** avec 3 niveaux d'intensité (douce, aquagym et tonique) plus aquagym building (renforcement musculaire) et aquagym profondeur (travail essentiellement axé sur le bas du corps) ;
>
> ⇒ **Cours de natation enfants ;**
>
> ⇒ **Cours de natation adultes** : aquaphobie, initiation, apprentissage et perfectionnement ;
>
> ⇒ **Cours bien-être** : prénatal et spécial dos.

▷ Si les paragraphes sont saisis, sélectionnez-les. Sinon, placez le point d'insertion au niveau du premier paragraphe de la liste.

▷ Cliquez sur l'outil de l'onglet **ACCUEIL** puis cliquez sur le type de liste prédéfinie souhaité ou cliquez sur **Puces et numéros**.

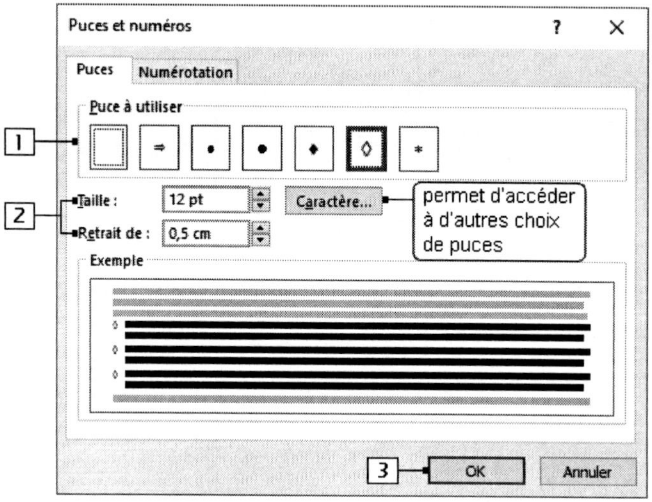

1 Cliquez sur le type de puce désiré.

2 Modifiez, si besoin est, la taille de la puce et le retrait du texte par rapport à la puce.

3 Cliquez sur le bouton **OK**.

La puce est appliquée au(x) paragraphe(s) sélectionné(s).

▷ S'il s'agit d'un nouveau paragraphe, tapez le texte du premier paragraphe puis validez : le nouveau paragraphe est aussi présenté avec la puce.

▷ Poursuivez la saisie des paragraphes de la liste. Lorsque la liste est terminée, cliquez sur l'outil puis sur **Aucun** pour annuler l'application de la puce.

D- Créer une liste numérotée

Chaque paragraphe de la liste est précédé d'un numéro qui s'incrémente automatiquement en fonction de la position du paragraphe dans la liste :

1. **Aquagym** avec 3 niveaux d'intensité (douce, aquagym et tonique) plus aquagym building (renforcement musculaire) et aquagym profondeur (travail essentiellement axé sur le bas du corps) ;
2. **Cours de natation enfants ;**
3. **Cours de natation adultes** : aquaphobie, initiation, apprentissage et perfectionnement ;
4. **Cours bien-être** : prénatal et spécial dos.

▷ Si les paragraphes sont saisis, sélectionnez-les. Sinon, positionnez le point d'insertion au niveau du premier paragraphe de la liste.

▷ Cliquez sur l'outil de l'onglet **Accueil** puis cliquez sur le type de numérotation souhaité ou sur **Puces et numéros**.

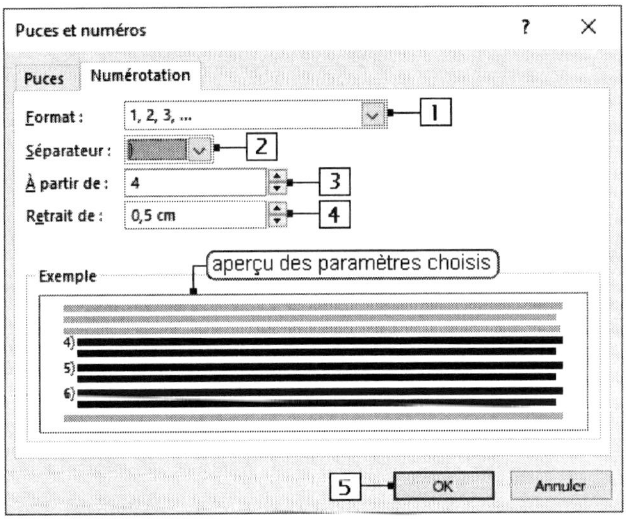

1 Sélectionnez le format des numéros de la liste.

2 Choisissez un éventuel séparateur.

3 Précisez le premier numéro à insérer dans la liste.

4 Modifiez, si besoin est, le retrait du texte par rapport aux numéros.

5 Cliquez sur **OK**.

▷ Saisissez la liste comme une liste à puces. Lorsque vous avez terminé, cliquez sur l'outil puis sur **Aucun** pour désactiver la numérotation des paragraphes.

E- Modifier l'espacement avant, après et entre les lignes d'un paragraphe

▷ Sélectionnez les paragraphes concernés ou positionnez le point d'insertion dans le paragraphe concerné.

▷ Si seul l'interligne doit être modifié, cliquez sur l'outil de l'onglet **Accueil** puis sur l'interligne souhaité :

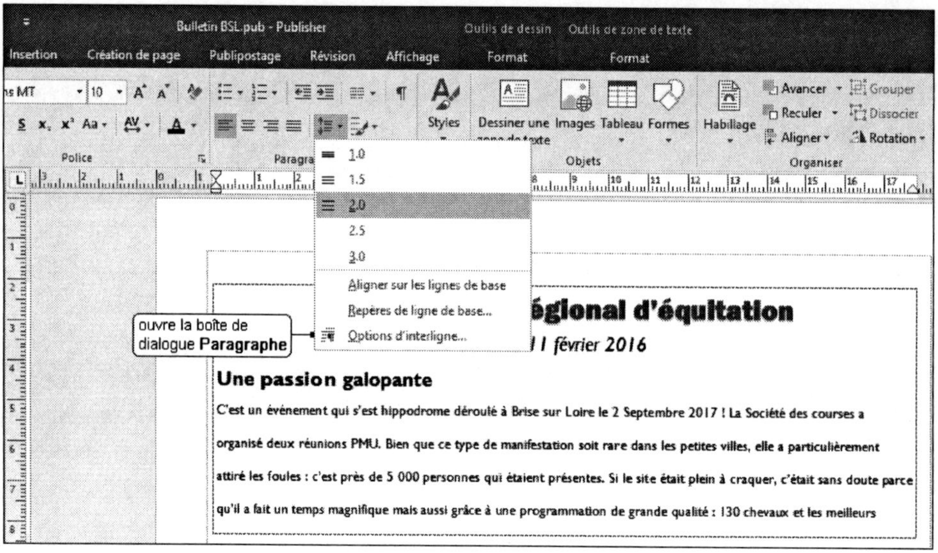

▷ Pour modifier l'interligne et/ou les espacements avant ou après les paragraphes, ouvrez la boîte de dialogue **Paragraphe** (onglet **Retrait et espacement**) :

- cliquez sur le Lanceur de boîte de dialogue du groupe **Paragraphe** ou,
- faites un double clic sur une marque de retrait de la règle ou,
- cliquez sur l'outil puis sur l'option **Options d'interligne**.

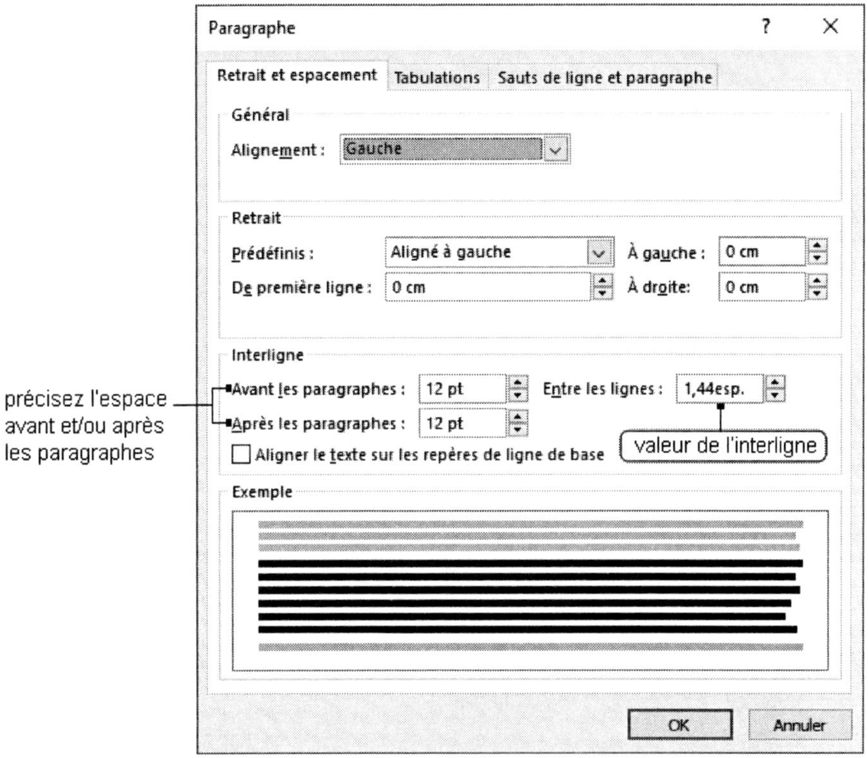

⇨ *Le raccourci-clavier* Ctrl ***0*** *(du pavé alphanumérique) permet de supprimer l'espace avant chaque paragraphe de la sélection.*

⇨ *Pour modifier l'espacement après un paragraphe, vous pouvez aussi utiliser l'outil de l'onglet* ***Accueil****.*

F- Empêcher une rupture entre des lignes ou des paragraphes

Cette technique permet d'éviter qu'un même paragraphe soit réparti dans deux zones de texte ou que deux paragraphes soient séparés et placés dans deux zones de texte liées.

▷ Si le saut de page/colonne doit être interdit entre les lignes d'un paragraphe, cliquez dans le paragraphe ; s'il doit être empêché entre deux paragraphes, cliquez dans le premier.

▷ Cliquez sur le Lanceur de boîte de dialogue du groupe **Paragraphe** (onglet **Accueil**) ou faites un double clic sur l'une des quatre marques de retrait de la règle.

▷ Cliquez sur l'onglet **Sauts de ligne et paragraphe**.

▷ Cochez l'option **Éviter veuves et orphelines** pour empêcher que la dernière ligne d'un paragraphe se retrouve seule en haut d'une zone de texte (veuve) ou que la première ligne d'un paragraphe se retrouve seule en bas d'une zone de texte (orpheline).

- ▷ Cochez l'option **Paragraphes solidaires** pour empêcher toute rupture entre ce paragraphe et le suivant : si le paragraphe devait se retrouver seul au bas de la zone de texte, Publisher le fera passer automatiquement dans la zone de texte suivante afin que les deux paragraphes soient dans la même zone de texte.
- ▷ Cochez l'option **Lignes solidaires** pour empêcher que le paragraphe puisse être réparti dans deux zones de texte différentes.
- ▷ Cochez l'option **Commencer dans la zone de texte suivante** si le paragraphe doit obligatoirement apparaître au début d'une zone de texte.

  Si chaque zone de texte se trouve sur une page différente, cette option permet d'être sûr que le paragraphe (un titre, par exemple) soit toujours placé en haut de page.
- ▷ Cliquez sur **OK**.

G- Poser un taquet de tabulation

Voici les différents types de taquets et leur effet :

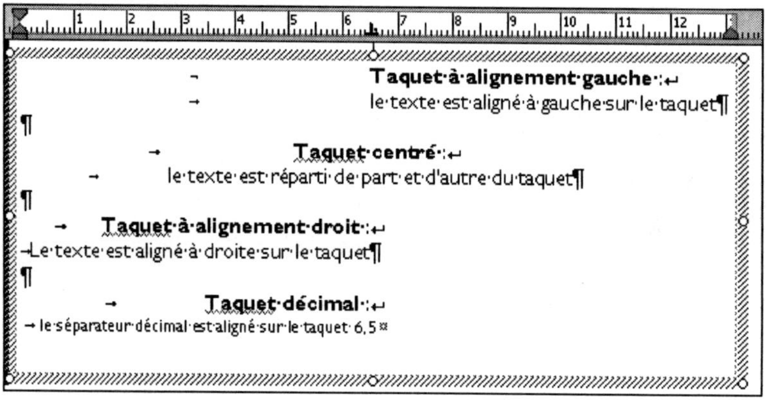

Pour chaque paragraphe, un taquet de type différent a été posé à 6,5 cm.

À l'aide de la règle

- ▷ Sélectionnez les paragraphes concernés ou positionnez le point d'insertion dans le paragraphe.
- ▷ Cliquez à l'intersection des règles afin de faire apparaître le symbole du taquet à poser : taquet à alignement gauche, taquet centré, taquet à alignement droit ou taquet décimal.
- ▷ Cliquez sur la règle à l'endroit où vous souhaitez poser le taquet.

  La marque du taquet apparaît dans la règle.

À l'aide de la boîte de dialogue Tabulations

- ▷ Sélectionnez les paragraphes concernés ou positionnez le point d'insertion dans le paragraphe.
- ▷ Faites un double clic sur un taquet existant ou cliquez sur le Lanceur de boîte de dialogue du groupe **Paragraphe** (onglet **Accueil**) puis cliquez sur l'onglet **Tabulations**.

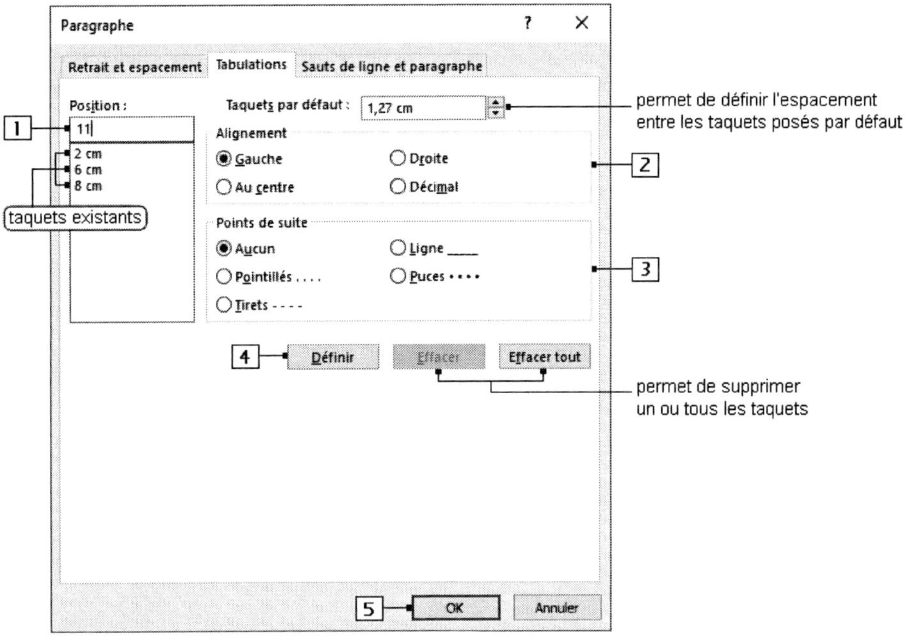

[1] Entrez la position du taquet.

[2] Choisissez l'alignement du taquet.

[3] Définissez des éventuels points de suite.

[4] Créez le taquet.

[5] Lorsque tous les taquets ont été définis, cliquez sur le bouton **OK**.

⇨ *Pour déplacer un taquet, faites glisser la marque du taquet à sa nouvelle position dans la règle.*

H - Appliquer des filets au paragraphe

Il s'agit de faire apparaître un trait horizontal au-dessus et/ou au-dessous du texte du paragraphe (ici, sur les titres) :

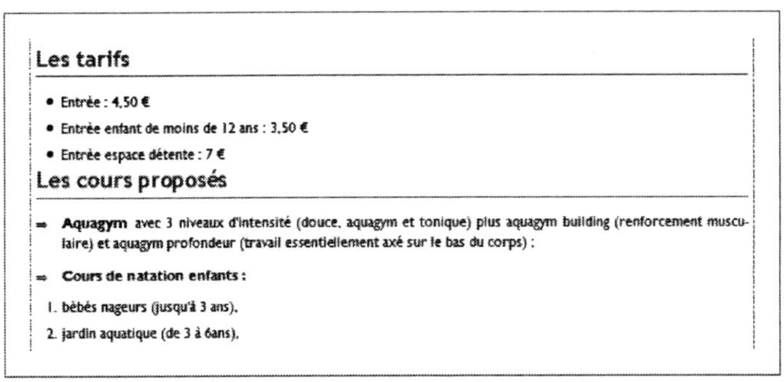

Les tarifs

- Entrée : 4,50 €
- Entrée enfant de moins de 12 ans : 3,50 €
- Entrée espace détente : 7 €

Les cours proposés

⇒ **Aquagym** avec 3 niveaux d'intensité (douce, aquagym et tonique) plus aquagym building (renforcement musculaire) et aquagym profondeur (travail essentiellement axé sur le bas du corps) ;

⇒ **Cours de natation enfants :**

1. bébés nageurs (jusqu'à 3 ans),
2. jardin aquatique (de 3 à 6ans),

▷ Sélectionnez les paragraphes concernés ou positionnez le point d'insertion dans le paragraphe concerné.

▷ Lors de la création d'un style de paragraphe (cf. 4.3 - A - Créer un style), cliquez sur le bouton **Règles horizontales** de la boîte de dialogue **Nouveau style**.

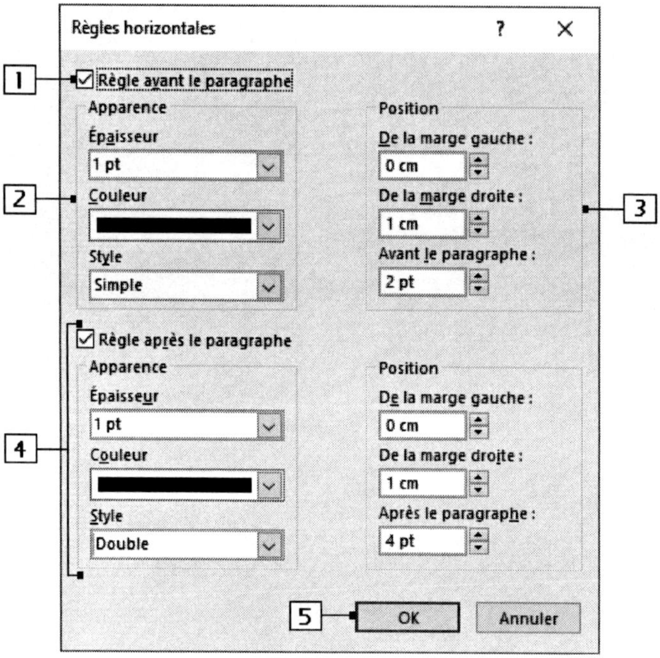

1 Pour faire apparaître un filet au-dessus du paragraphe, cochez cette option.

2 Sélectionnez l'épaisseur, la couleur et le style du filet.

3 Indiquez la position du filet par rapport à la marge de gauche et de droite du paragraphe.

4 Définissez ensuite selon le même principe, les caractéristiques du filet situé sous le paragraphe.

5 Cliquez sur **OK**.

I- Copier la mise en forme d'un texte

▷ Sélectionnez le texte qui contient la mise en forme à copier puis cliquez sur l'outil **Reproduire la mise en forme** de l'onglet **Accueil**.

▷ Sélectionnez, avec la souris, le texte à mettre en forme. Vous devez sélectionner la marque de fin de paragraphe ¶ pour appliquer la mise en forme des caractères et celle du paragraphe.

Le texte sélectionné adopte la mise en forme copiée.

⇨ *Vous pouvez faire un double clic sur l'outil* ***Reproduire la mise en forme*** *afin de pouvoir copier la mise en forme sur plusieurs textes. Appuyez ensuite sur* Echap *pour désactiver l'outil.*

J- Annuler les mises en forme de paragraphe

Cette manipulation permet d'annuler toutes les mises en forme appliquées au paragraphe : alignement, retrait, interligne, espace avant/après, tabulation.

▹ Sélectionnez les paragraphes concernés ou positionnez le point d'insertion dans le paragraphe concerné.

▹ Tapez Ctrl **Q** ou cliquez sur l'outil **Effacer toute la mise en forme** de l'onglet **Accueil**.

Le paragraphe retrouve alors la mise en forme associée au style qui lui est appliqué.

4.3 Les styles

A- Créer un style

*Un **style** regroupe un ensemble de mises en forme que vous pouvez appliquer rapidement à n'importe quel paragraphe.*

▹ Cliquez, si besoin est, dans le paragraphe contenant la mise en forme à enregistrer dans le style.

▹ Cliquez sur le bouton **Styles** de l'onglet **Accueil** puis cliquez sur **Nouveau style**.

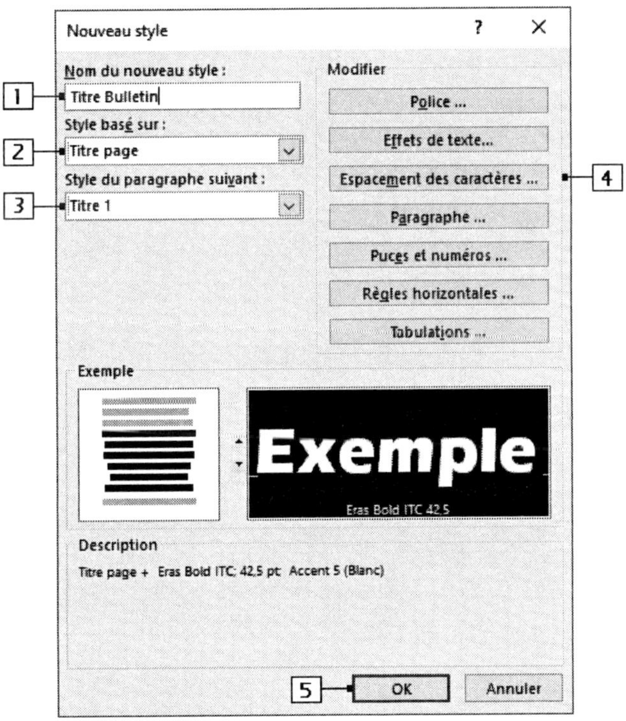

1 Saisissez le nom que vous souhaitez attribuer au style.

2 Sélectionnez, si besoin est, le style de référence à partir duquel vous souhaitez créer le nouveau style (les caractéristiques de mise en forme de ce style vous seront proposées par défaut).

3 Sélectionnez le style qui sera automatiquement appliqué, lors de la saisie, au paragraphe suivant.

4 Définissez la mise en forme associée au style.

5 Cliquez sur le bouton **OK**.

B- Appliquer un style

▹ Positionnez le point d'insertion dans le paragraphe concerné ou sélectionnez les paragraphes concernés par le style.

▹ Sélectionnez le style à partir de la liste associée au bouton **Styles** de l'onglet **Accueil** :

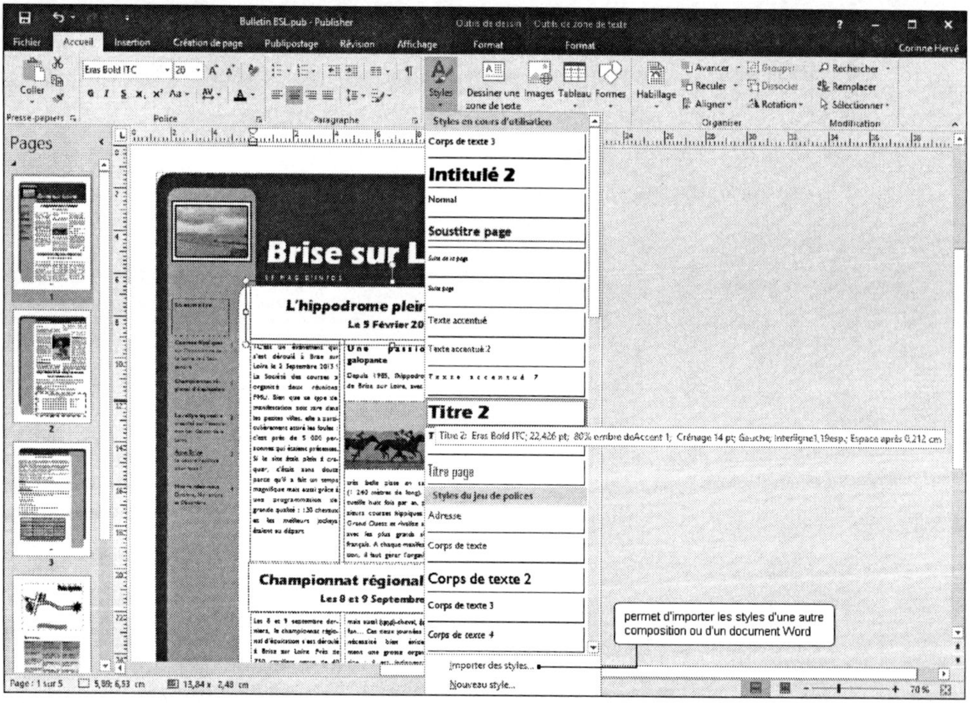

Lorsque vous pointez un style, vous visualisez directement l'effet du style sur le texte sélectionné.

⇨ *Après avoir appliqué un style à un paragraphe, vous pouvez toujours modifier la mise en valeur des caractères ou la mise en forme du paragraphe. Pour retrouver la mise en forme de paragraphe définie dans le style, utilisez alors la combinaison de touches* Ctrl ***Q*** *ou l'outil* *de l'onglet* ***Accueil*** *; pour annuler les mises en valeur de caractères, sélectionnez le texte puis tapez* Ctrl Espace.

⇨ *Le style appliqué par défaut à tout nouveau paragraphe est le style* ***Normal*** *: pour redonner à un paragraphe la mise en forme standard, appliquez-lui le style* ***Normal****.*

C- Modifier un style

À partir d'un paragraphe existant

- Cliquez dans le paragraphe qui possède la nouvelle mise en forme à mémoriser dans le style.
- Pointez, dans la liste des **Styles** de l'onglet **Accueil**, le nom du style à modifier, faites un clic droit puis cliquez sur l'option **Mettre à jour pour correspondre à la sélection**.

  Aussitôt, la mise en forme du paragraphe actif est associée au style : tous les paragraphes de la composition possédant ce style sont modifiés.

En modifiant les caractéristiques du style

- Pointez le nom du style à modifier dans la liste associée au bouton **Styles** de l'onglet **Accueil**, faites un clic droit sur le style puis cliquez sur l'option **Modifier**.

  *Vous retrouvez les options de la boîte de dialogue **Nouveau style**.*

- Définissez les nouvelles caractéristiques du style comme vous pouvez le faire lors de la création d'un style.
- Cliquez ensuite sur le bouton **OK**.

  Immédiatement, les paragraphes de la composition qui possèdent le style modifié adoptent la nouvelle mise en forme.

D- Renommer/supprimer un style

- Pointez le nom du style dans la liste associée au bouton **Styles** de l'onglet **Accueil**, faites un clic droit sur le nom du style puis cliquez sur l'option adéquate :

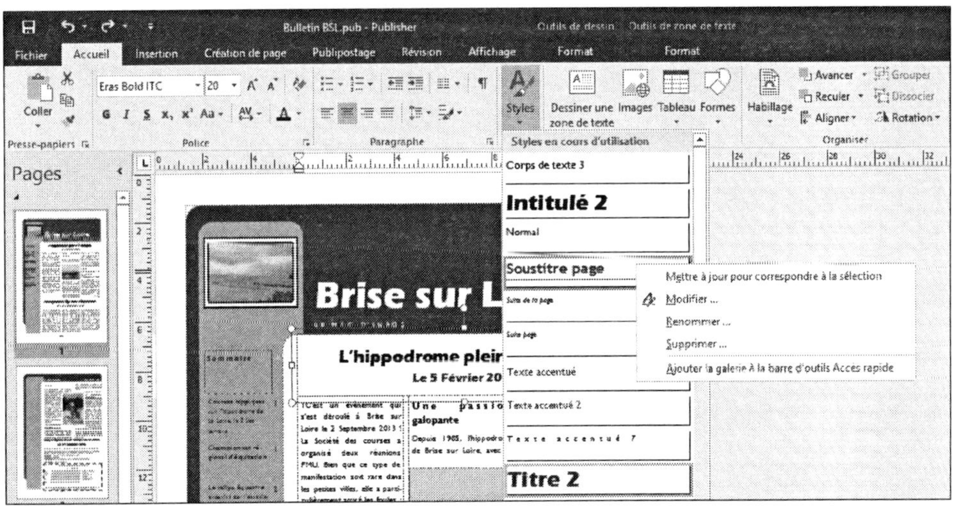

⇨ *Les paragraphes de la composition qui possédaient le style supprimé se voient attribuer le style **Normal**.*

5.1 Les formes et les images

A- Dessiner une forme

Les outils utilisés pour tracer des formes ou insérer des images se trouvent dans l'onglet ***Accueil*** *et dans l'onglet* ***Insertion****.*

Dessiner une forme automatique

▷ Cliquez sur le bouton **Formes** de l'onglet **Accueil** ou de l'onglet **Insertion** puis sur la forme à dessiner.

▷ Effectuez un cliqué-glissé :

seul	pour dessiner une ligne, un ovale ou un rectangle.
avec ⇧	pour dessiner une ligne parfaitement horizontale ou verticale, un cercle ou un carré (forme proportionnelle).
avec Ctrl	pour dessiner la forme à partir de son centre.
avec ⇧ Ctrl	pour dessiner une forme proportionnelle à partir de son centre.

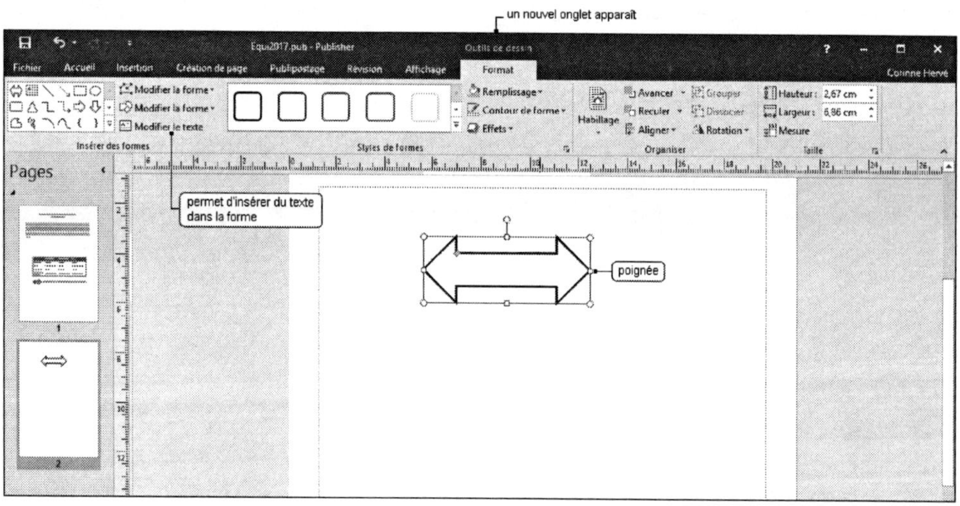

B- Modifier une forme

Modifier une forme automatique

▷ Pour ajuster une forme automatique, sélectionnez la forme :

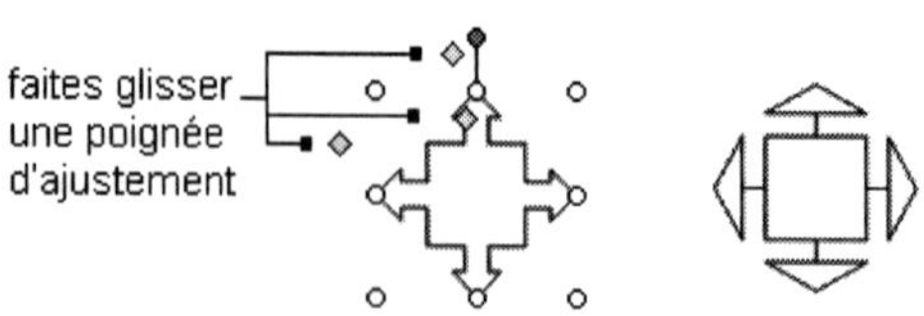

Modifier un tracé

*Un tracé est un dessin réalisé avec l'outil **Courbe**, **Forme libre** ou **Dessin à main levée** (catégorie **Lignes**).*

▹ Sélectionnez le tracé concerné puis affichez les points du tracé en cliquant sur le bouton **Modifier la forme** de l'onglet **Outils de dessin - Format** puis sur l'option **Modifier les points**.

▹ Pour modifier la courbe, pointez un des points et faites-le glisser ; vous pouvez aussi ajouter un point en cliquant n'importe où sur la courbe tout en appuyant sur la touche Ctrl ; pour supprimer un point, appuyez sur Ctrl et cliquez sur le point.

C- Insérer un objet WordArt

Ce type d'objet permet d'obtenir des effets typographiques spéciaux :

▹ Dans l'onglet **Insertion**, cliquez sur le bouton **WordArt**.

*La **Galerie WordArt** apparaît.*

▹ Cliquez sur l'effet souhaité.

1 Saisissez les lignes de texte concernées par l'effet typographique en utilisant la touche ⏎ pour changer de ligne.

2 Modifiez, si besoin est, la police, la taille, appliquez du gras ou de l'italique.

3 Cliquez sur **OK**.

*L'objet WordArt apparaît dans la composition, l'onglet **Outils WordArt - Format** est actif.*

▷ Pour modifier l'objet WordArt, utilisez les outils de l'onglet **Outils WordArt - Format** - groupes **Texte** et **Styles WordArt** :

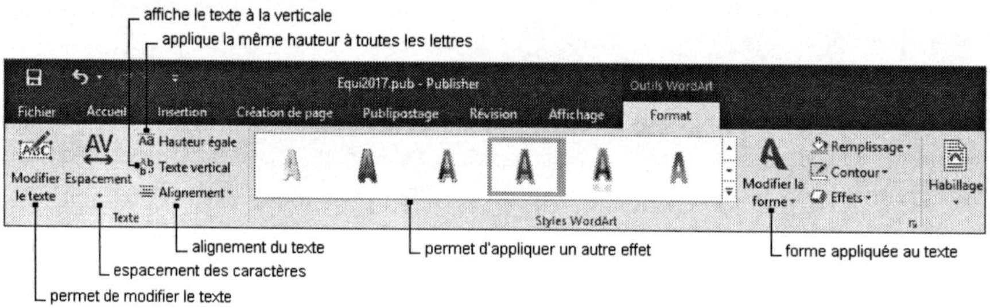

D- Insérer un fichier image

Vous pouvez insérer un fichier image situé sur votre disque dur, sur un ordinateur du réseau ou bien rechercher des images sur Internet.

Insérer une image de votre ordinateur ou du réseau

▷ Dans l'onglet **Insertion**, cliquez sur le bouton **Images**.

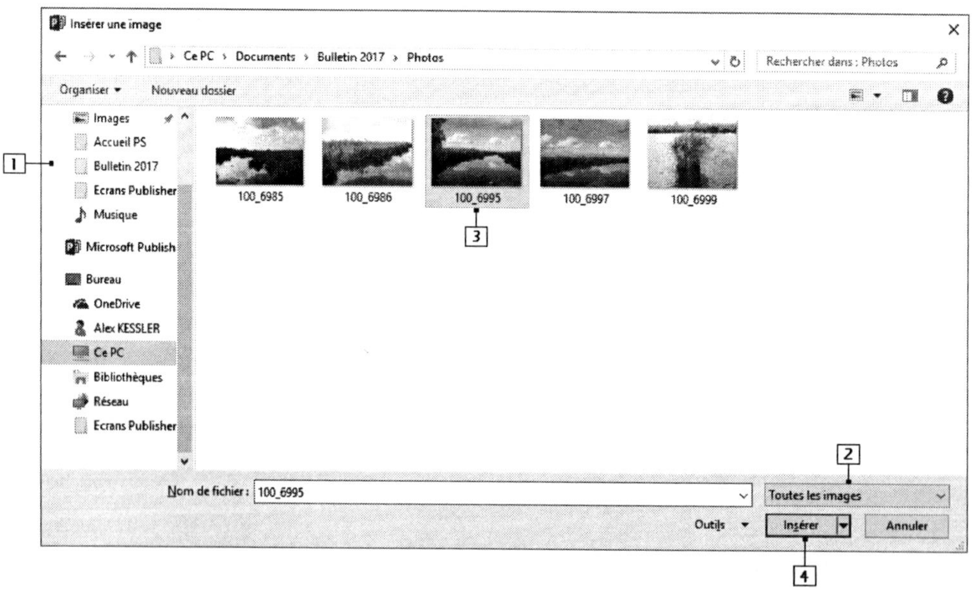

[1] Accédez à l'ordinateur puis au dossier contenant l'image à insérer.

[2] Limitez éventuellement la liste des images affichées en sélectionnant un type de fichiers.

[3] Cliquez sur l'image à importer.

[4] Pour incorporer l'image, cliquez sur le bouton **Insérer**. Pour établir une liaison avec le fichier image, cliquez sur le bouton ▾ puis sur **Lier au fichier**.

⇨ *Le bouton **Espace réservé pour une image** de l'onglet **Insertion** permet d'insérer dans la composition un cadre destiné aux images afin de prévoir leur emplacement ; lorsque vous disposez de l'image, cliquez sur le cadre pour insérer l'image ou bien faites glisser celle-ci du plan de montage dans l'espace réservé.*

Insérer une image provenant d'Internet

▷ Cliquez sur le bouton **Images en ligne** de l'onglet **Insertion**.

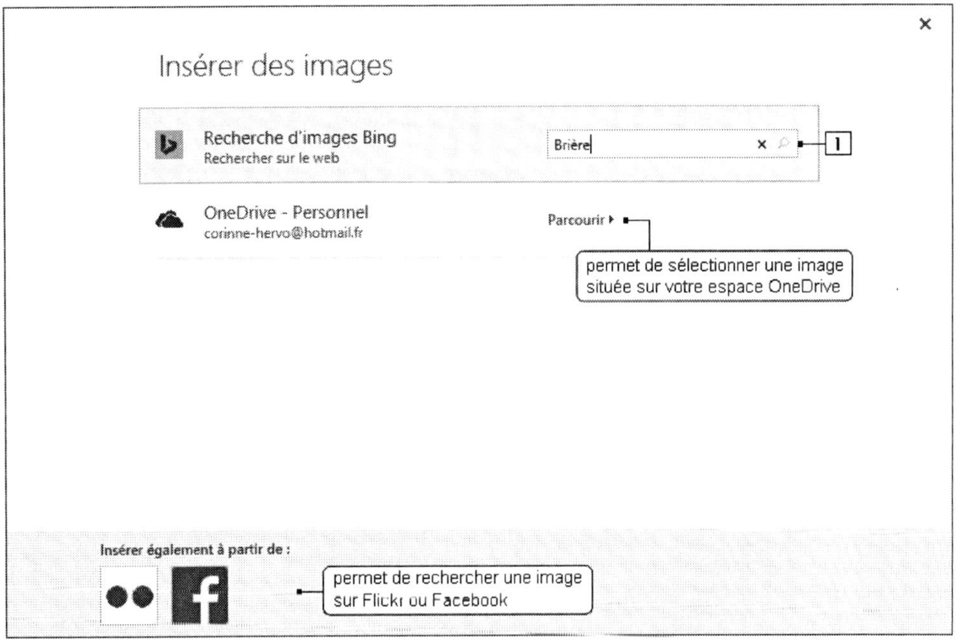

[1] Tapez le mot-clé correspondant aux images recherchées puis validez.

INSERTION D'OBJETS

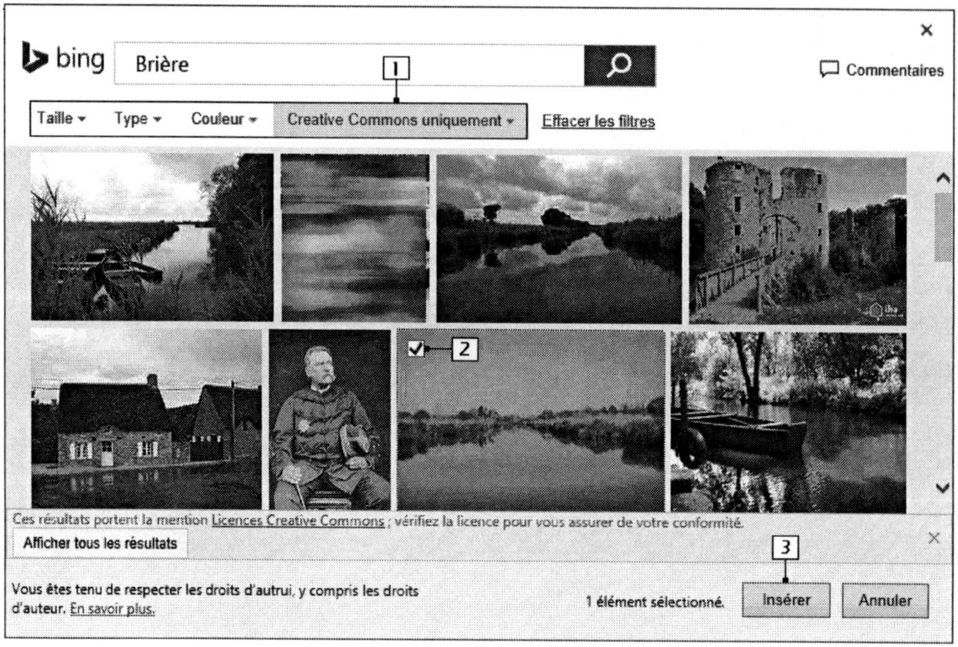

1 Appliquez si besoin est des filtres pour limiter le nombre d'images affichées.

2 Cliquez sur chaque image à sélectionner.

3 Cliquez sur **Insérer**.

Les images sont téléchargées puis placées sur le plan de montage : vous pouvez facilement les faire glisser dans votre composition.

⇨ *Pour disposer de l'accès à Facebook, vous devez avoir connecté le service correspondant à votre compte Microsoft (cf. 9.2 - B - Connecter des services à Office).*

5.2 Les blocs de construction

A- Qu'est-ce qu'un bloc de construction ?

Vous pouvez insérer dans votre composition d'autres types d'éléments que les dessins ou images : le groupe **Blocs de construction** de l'onglet **Insertion** présente des boutons permettant d'insérer des **Composants de page** (**Articles**, **Citations**, **Encadrés**, **Titres**...), des **Calendriers**, des **Bordures et ornements**, des **Annonces**.

Un grand nombre de blocs de construction prédéfinis sont mis à votre disposition mais vous pouvez aussi compléter la Bibliothèque de blocs de construction par vos propres éléments.

B- Insérer un bloc de construction

▷ Dans l'onglet **Insertion**, cliquez sur le bouton du groupe **Blocs de construction** correspondant au type d'élément à insérer.

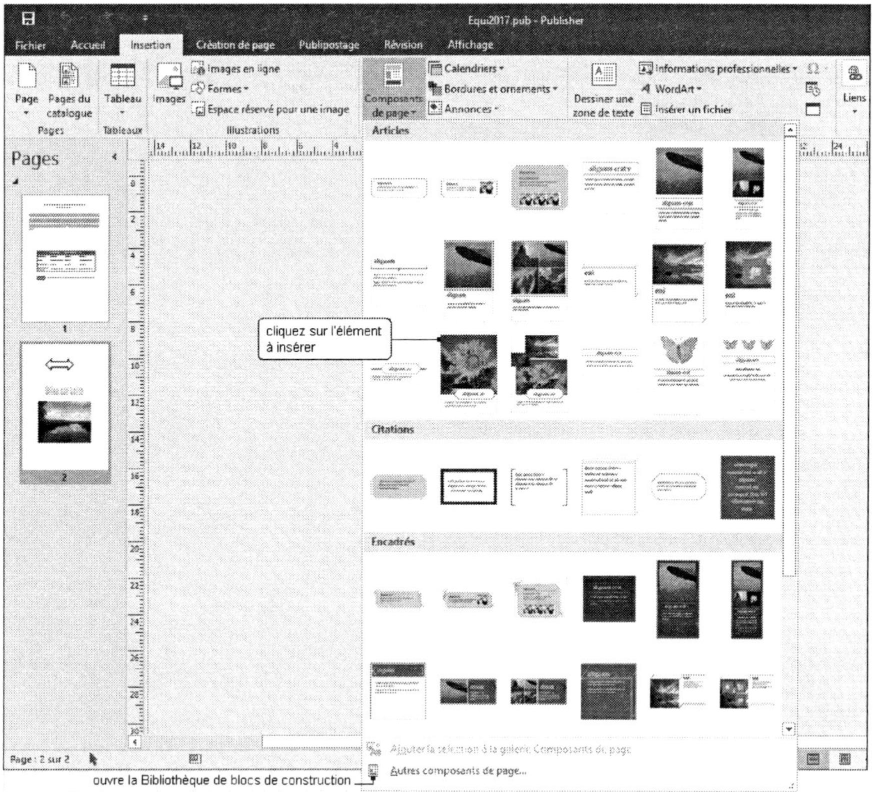

L'objet est inséré dans votre composition.

▷ Positionnez l'objet dans la composition puis modifiez le texte standard et/ou la présentation de l'objet.

C- Ajouter un objet dans la Bibliothèque de blocs de construction

Les objets ajoutés à la Bibliothèque de blocs de construction sont disponibles dans toutes les compositions.

▷ Sélectionnez l'objet que vous souhaitez insérer dans la Bibliothèque.

▷ Dans l'onglet **Insertion**, cliquez sur le bouton du groupe **Blocs de construction** correspondant au type d'objet à insérer (par exemple, **Composants de page**) puis cliquez sur l'option **Ajouter la sélection à la galerie...**.

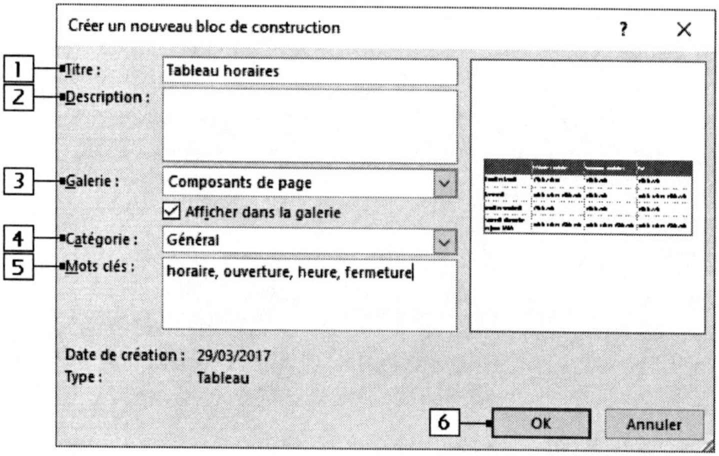

1 Précisez le nom du bloc de construction.

2 Précisez une éventuelle description.

3 Sélectionnez la **Galerie** dans laquelle intégrer l'élément.

4 Choisissez une **Catégorie**.

5 Précisez les **Mots clés** qui permettront de retrouver l'élément.

6 Cliquez sur **OK**.

⇨ *Lorsque vous insérez un bloc de construction personnalisé dans une composition, le bouton*  *apparaît près de l'objet vous permettant de gérer les couleurs de l'objet inséré : vous pouvez* ***Faire correspondre à la couleur de la publication*** *pour utiliser le modèle de couleurs de la composition ou bien* ***Appliquer la couleur d'origine*** *pour conserver les couleurs d'origine de l'objet.*

5.3 Lien hypertexte et objets externes

A- Insérer un lien hypertexte

Vers une autre page de la composition

▷ Sélectionnez le texte ou l'objet concerné par le lien.

▷ Dans l'onglet **Insertion**, cliquez sur l'outil **Lien hypertexte** ou tapez [Ctrl] **K**.

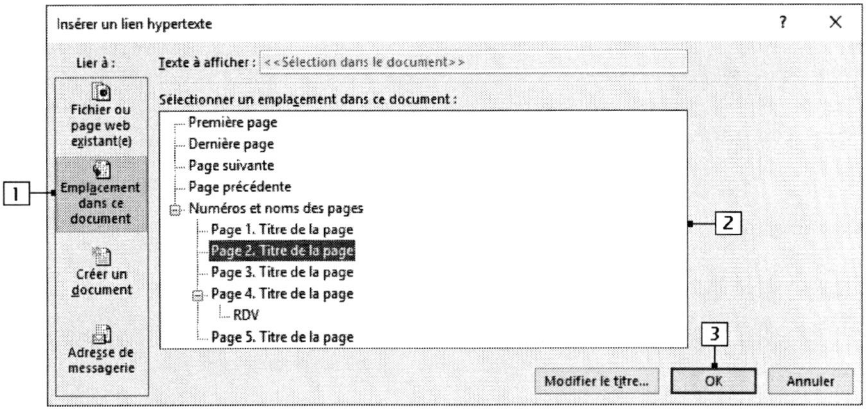

1 Cliquez sur cette icône.

2 Cliquez sur le numéro de la page à atteindre lorsque vous cliquerez sur le lien ou optez pour une des quatre premières options.

3 Cliquez sur **OK**.

Vers un site web ou vers un fichier

- Sélectionnez le texte ou l'objet concerné par le lien.
- Dans l'onglet **Insertion**, cliquez sur l'outil **Lien hypertexte** ou tapez Ctrl **K**.

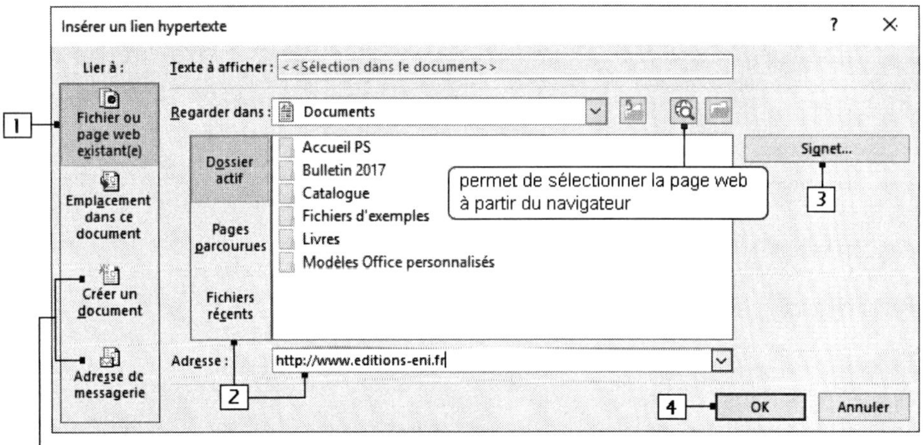

le lien peut aussi pointer vers une nouvelle composition ou vers une adresse e-mail

1 Cliquez sur cette icône.

2 Tapez l'adresse ou sélectionnez-la à partir de la liste **Adresse** ou bien sélectionnez la page web après avoir cliqué sur l'icône **Pages parcourues**. Utilisez les icônes **Dossier actif** ou **Fichiers récents** pour sélectionner un fichier.

3 Si la page web contient des signets, sélectionnez le signet à atteindre.

[4] Cliquez sur **OK**.

⇨ *Pour vérifier un lien hypertexte, appuyez sur* Ctrl*, pointez le lien hypertexte et cliquez.*

⇨ *Vous pouvez modifier la couleur des liens hypertextes (visités et non visités) en modifiant les options correspondantes du modèle de couleurs.*

⇨ *Pour supprimer ou modifier un lien hypertexte, cliquez sur le lien puis sur l'outil* ***Lien hypertexte*** *afin d'ouvrir la boîte de dialogue* ***Modifier le lien hypertexte****. Modifiez alors la cible du lien ou cliquez sur le bouton* ***Supprimer le lien****.*

B- Copier un objet externe dans une composition

Un objet externe est un objet issu d'une autre application : tableau Word, liste de données ou graphique Excel...

▷ Ouvrez le fichier contenant l'objet à copier puis copiez-le dans le Presse-papiers.

▷ Pour coller les données sans liaison avec les données sources, cliquez sur le bouton **Coller** de l'onglet **Accueil** ou tapez Ctrl **V**.

Les données apparaissent avec la mise en forme source.

▷ Pour coller les données en choisissant le format à attribuer aux données, cliquez sur la partie inférieure du bouton **Coller** puis cliquez sur l'option **Collage spécial**.

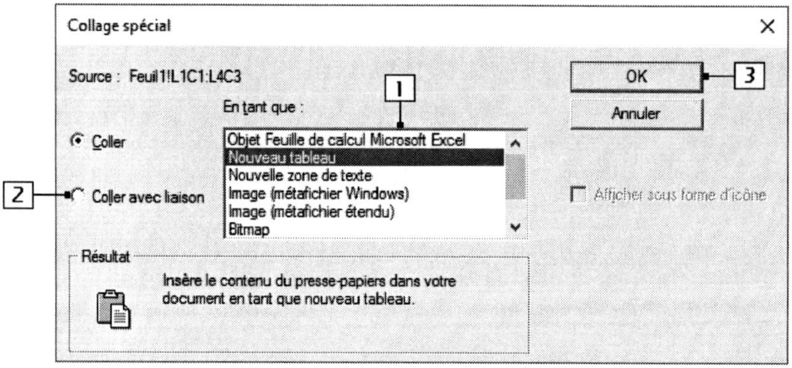

[1] Sélectionnez le format à attribuer aux données.

[2] Activez cette option pour établir un lien avec les données source.

[3] Cliquez sur **OK**.

⇨ *Un double clic sur l'objet permet de l'ouvrir dans l'application source. Si vous avez établi une liaison, toute modification apportée aux données source sera reportée automatiquement dans la composition Publisher. Lorsque vous ouvrez la composition, Publisher peut vous demander de mettre à jour les liens vers la source de données.*

5.4 Les tableaux

A- Insérer un tableau

▷ Dans l'onglet **Accueil** ou l'onglet **Insertion**, cliquez sur l'outil **Tableau** puis faites glisser la souris en fonction du nombre de lignes et de colonnes souhaité.

Lorsque vous relâchez la souris, le tableau apparaît dans la page, vous pouvez le déplacer par cliqué-glissé.

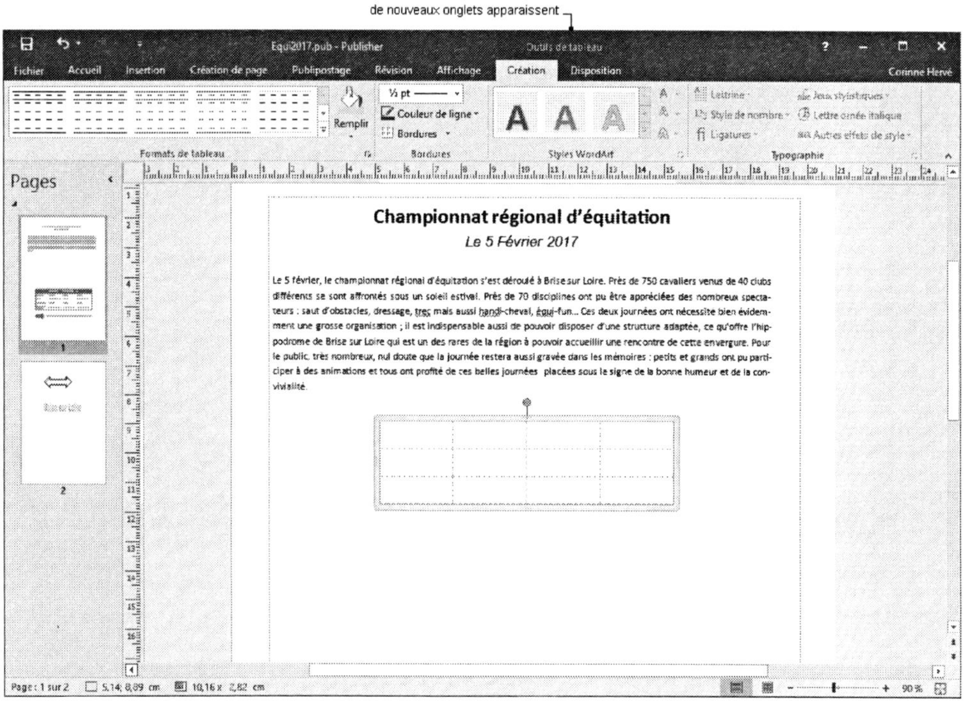

⇨ *Pour modifier les dimensions du tableau, pointez un des angles de l'objet tableau puis faites glisser ou définissez des dimensions précises à l'aide des options **Hauteur** et **Largeur** de l'onglet **Outils de tableau - Disposition** (groupe **Taille**).*

⇨ *Pour supprimer un tableau et son contenu, cliquez à l'intérieur du tableau puis tapez* Ctrl ⇧ ***X***.

B- Sélectionner dans un tableau

- Positionnez la souris au-dessus de la colonne ou à gauche de la ligne à sélectionner afin que le pointeur se présente sous la forme d'une épaisse flèche noire ; cliquez pour sélectionner la colonne ou la ligne.

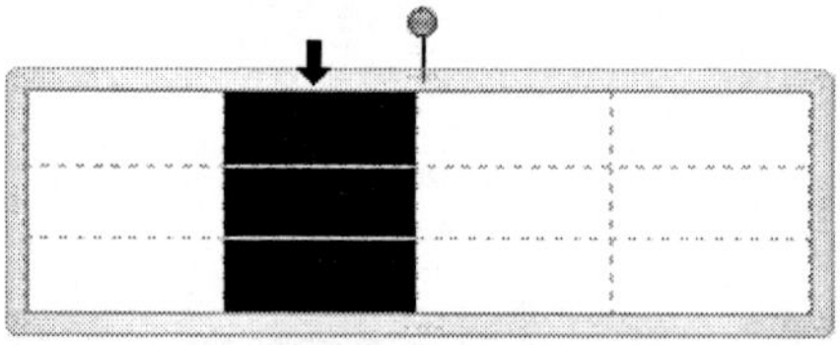

- Faites glisser la souris pour sélectionner plusieurs lignes ou colonnes.
- Pour sélectionner des cellules, effectuez un cliqué-glissé sur les cellules à sélectionner.

⇨ *Vous pouvez aussi utiliser l'outil **Sélectionner** de l'onglet **Outils de tableau - Disposition**.*

C- Compléter un tableau

- Activez la cellule de saisie.
- Saisissez le contenu de la cellule comme vous le faites pour un paragraphe, c'est-à-dire au "kilomètre" (vous pouvez saisir plusieurs lignes de texte dans une cellule).
- Appuyez sur [⇥] ou sur [→] pour accéder à la cellule suivante.

⇨ *Faites [Ctrl] [⇥] pour accéder au taquet de tabulation situé dans la colonne.*

D- Insérer des colonnes/des lignes

- Placez le point d'insertion dans la colonne/ligne à côté de laquelle la nouvelle colonne/ligne doit être insérée. Pour insérer plusieurs colonnes ou plusieurs lignes, sélectionnez autant de colonnes (lignes) que vous souhaitez en insérer.
- Dans l'onglet **Outils de tableau - Disposition**, cliquez sur l'outil du groupe **Lignes et colonnes** en fonction de ce que vous voulez insérer :

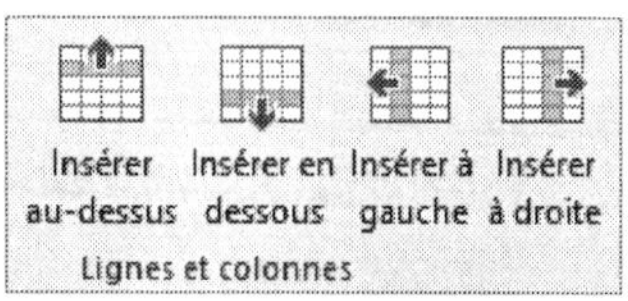

⇨ *Pour ajouter une ligne en fin de tableau, positionnez le point d'insertion dans la dernière cellule du tableau et faites [⇥].*

⇨ *Pour supprimer des lignes ou colonnes, sélectionnez si besoin est les lignes ou colonnes à supprimer puis, dans l'onglet **Outils de tableau - Disposition**, cliquez sur le bouton **Supprimer** puis sur l'option correspondant à ce que vous souhaitez supprimer.*

E- Fusionner des cellules

Cette manipulation permet de regrouper plusieurs cellules en une seule.

cette cellule est le résultat de la fusion de 3 cellules

	TRIMESTRE 1		
	Janvier	**Février**	**Mars**
Catégorie A	100,4	59,8	100,5
Catégorie B	98,5	60,8	89,9

▷ Sélectionnez les cellules à fusionner puis, dans l'onglet **Outils de tableau - Disposition**, cliquez sur le bouton **Fusionner**.

⇨ *Vous pouvez annuler la fusion en cliquant dans la cellule puis en cliquant sur le bouton **Fractionner** de l'onglet **Outils de tableau - Disposition**.*

F- Modifier la largeur des colonnes/hauteur des lignes

▷ Si plusieurs colonnes/lignes sont concernées, sélectionnez-les.

▷ Pointez le trait vertical situé à droite de la colonne ou le trait vertical situé sous la ligne à modifier.

le pointeur de la souris change de forme

	Période scolaire	Vacances scolaires	Eté
Lundi et Mardi	17h à 21h30	14h à 20h	14h à 22h
Mercredi	10h à 12h et 14h à 20h	14h à 20h	10h à 12h et 14h à 22h
Jeudi et Vendredi	17h à 20h	14h à 20h	14h à 22h
Samedi, dimanche et jours fériés	10h à 13h et 15h à 19h	10h à 13h et 15h à 20h	10h à 13h et 15h à 20h

▷ Réalisez un cliqué-glissé :

seul : pour modifier la largeur de la colonne/hauteur de la ligne (les autres colonnes/lignes ne changent pas, la largeur/hauteur totale du tableau est donc modifiée).

avec ⇧ : pour modifier la largeur/hauteur de la sélection de manière à conserver la même largeur/hauteur totale du tableau (la colonne ou ligne suivante est donc modifiée).

⇨ *Par défaut, la hauteur des lignes s'ajuste à leur contenu ; pour fixer cette hauteur, désactivez l'option **Ajuster au texte** de l'onglet **Outils de tableau - Disposition**.*

G- Modifier les marges des cellules

Il s'agit de modifier l'espace entre le contenu de la cellule et sa bordure.

▷ Sélectionnez les cellules concernées.

▷ Dans l'onglet **Outils de tableau - Disposition**, cliquez sur le bouton **Marges de cellule** du groupe **Alignement** puis cliquez sur une des options prédéfinies ou cliquez sur **Marges personnalisées** pour définir vos propres marges :

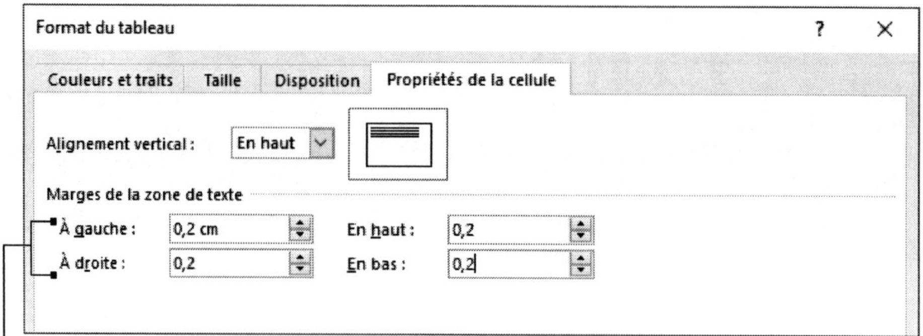

précisez les différentes marges

⇨ *Vous pouvez aussi appliquer des retraits au paragraphe de chaque cellule en faisant glisser les marques de retrait visibles sur la règle ou en utilisant les outils*  *et*  *de l'onglet* ***Accueil****.*

H- Modifier l'alignement du texte dans les cellules

▷ Sélectionnez les cellules concernées.

▷ Choisissez l'alignement horizontal et vertical à l'aide des outils de l'onglet **Outils de tableau - Disposition** (groupe **Alignement**) :

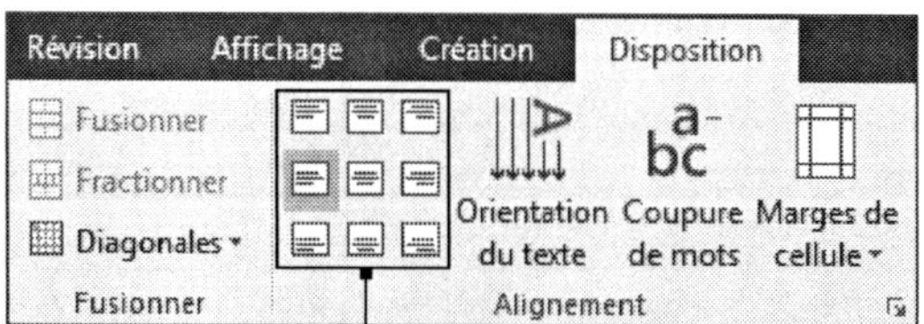

alignement dans les cellules

I- Appliquer un style de tableau

Appliquer un style de tableau prédéfini

▷ Dans l'onglet **Outils de tableau - Création**, cliquez sur le bouton  du groupe **Formats de tableau** afin de développer la galerie des styles.

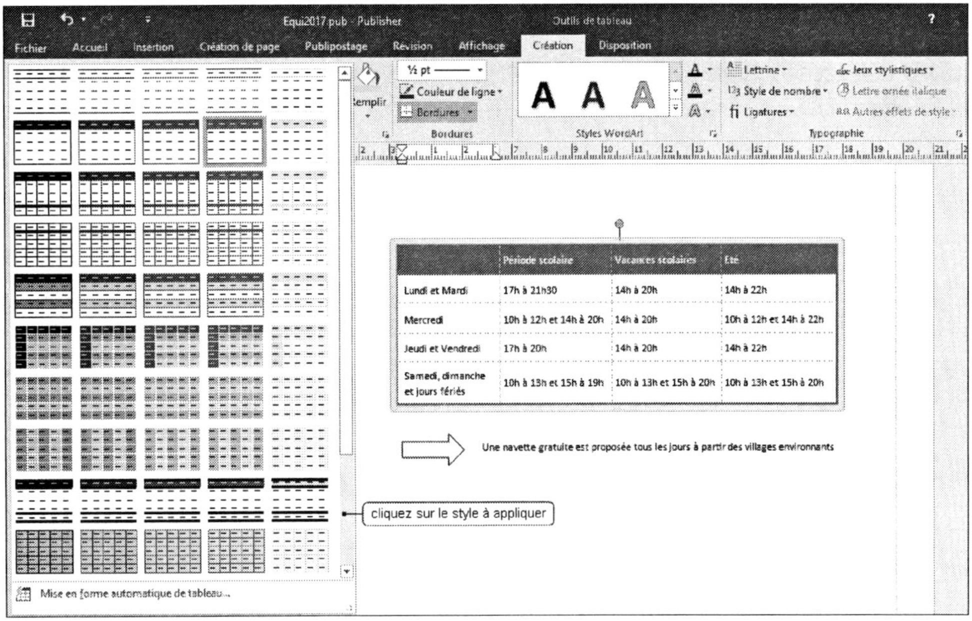

Appliquer un style de tableau personnalisé

- Si aucun des styles ne vous convient, ouvrez la galerie des styles en cliquant sur [icône] puis cliquez sur l'option **Mise en forme automatique de tableau**.

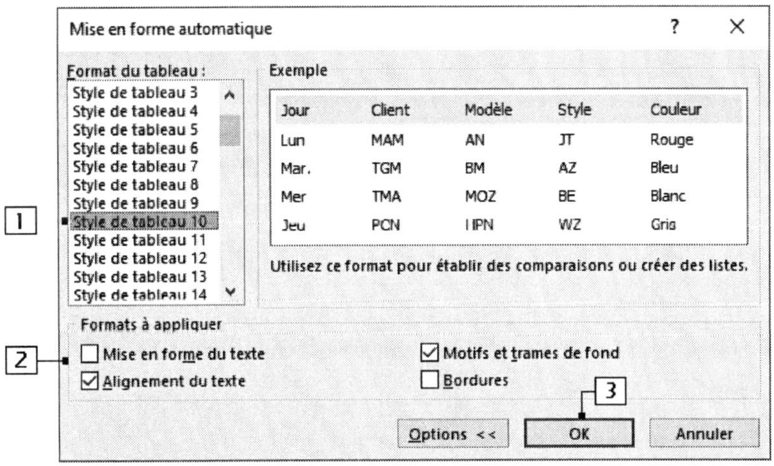

1 Sélectionnez un style puis cliquez sur le bouton **Options**.

2 Pour ne pas appliquer certains formats du style, décochez les options correspondantes.

3 Cliquez sur **OK**.

J- Modifier les bordures et le fond des cellules

- Sélectionnez les cellules concernées.
- Dans l'onglet **Outils de tableau - Création**, cliquez sur le bouton du groupe **Formats de tableau**.

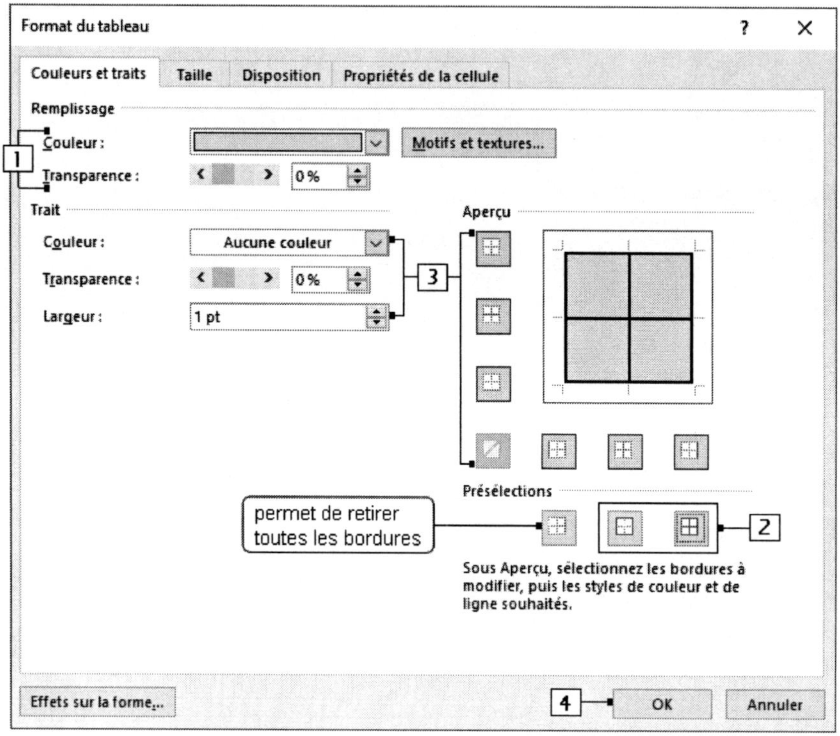

[1] Sélectionnez la couleur de fond des cellules. Pour l'atténuer, faites glisser le curseur **Transparence**.

[2] Dans la zone **Présélections**, cliquez sur si vous souhaitez encadrer les cellules sélectionnées ; pour appliquer un quadrillage, cliquez sur .

[3] Pour modifier le style des bordures sélectionnées, sélectionnez la couleur et l'épaisseur des bordures. Si vous souhaitez que certaines bordures aient un style différent, cliquez dans la zone **Aperçu** sur la bordure à sélectionner puis sélectionnez la couleur et l'épaisseur.

[4] Cliquez sur **OK**.

⇨ *Vous pouvez également utiliser les outils des groupes **Formats de tableau** et **Bordures** de l'onglet **Outils de tableau - Création** :*

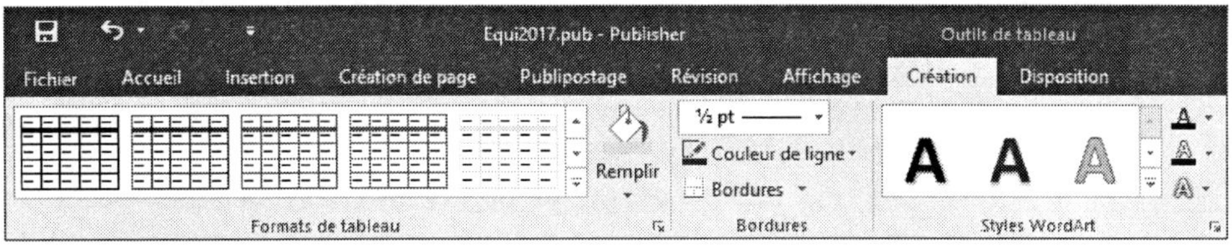

⇨ *Pour afficher une diagonale dans les cellules, utilisez l'outil **Diagonales** de l'onglet **Outils de tableau - Disposition**.*

6.1 La gestion des objets

A- Sélectionner un ou plusieurs objets

▷ Pour sélectionner un objet, cliquez dessus.

Un objet sélectionné est entouré de poignées blanches et rondes. Le rond vert est la poignée de rotation.

▷ Pour sélectionner plusieurs objets, réalisez un cliqué-glissé autour des objets à sélectionner ou réalisez un ⇧ clic sur chaque objet à sélectionner.

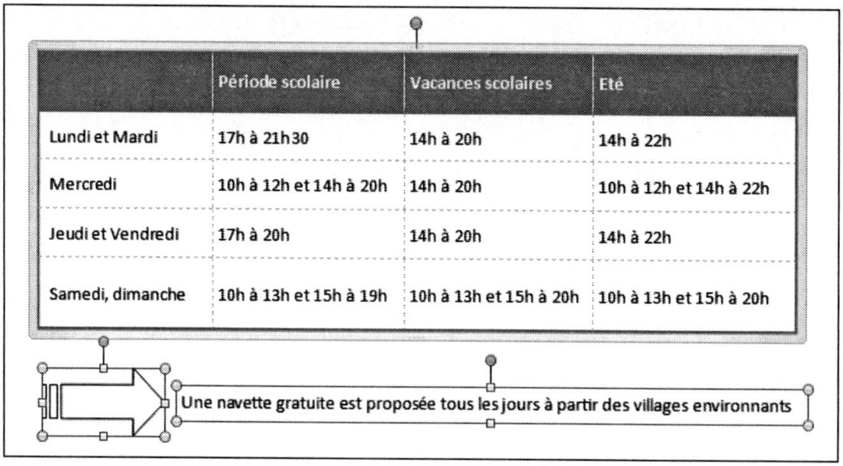

	Période scolaire	Vacances scolaires	Eté
Lundi et Mardi	17h à 21h30	14h à 20h	14h à 22h
Mercredi	10h à 12h et 14h à 20h	14h à 20h	10h à 12h et 14h à 22h
Jeudi et Vendredi	17h à 20h	14h à 20h	14h à 22h
Samedi, dimanche	10h à 13h et 15h à 19h	10h à 13h et 15h à 20h	10h à 13h et 15h à 20h

▷ Pour retirer un objet de la sélection, maintenez la touche Ctrl enfoncée et cliquez sur l'objet à désélectionner.

▷ Pour sélectionner tous les objets de la page, dans l'onglet **Accueil**, cliquez sur le bouton **Sélectionner** puis sur **Sélectionner tous les objets** ou tapez Ctrl **A**.

⇒ *Si les objets se trouvent sur la page maître, vous devez y accéder pour pouvoir les sélectionner (onglet **Affichage - Page maître**).*

B- Supprimer un ou plusieurs objets

▷ Sélectionnez les objets à supprimer puis tapez Suppr.

▷ Pour supprimer un tableau ou une zone de texte alors que le point d'insertion se trouve dans le texte, tapez Ctrl ⇧ **X**.

C- Déplacer/copier des objets

Par cliqué-glissé

▷ Sélectionnez les objets concernés.

▷ Positionnez le pointeur de la souris sur la sélection afin de faire apparaître le pointeur suivant : .

- S'il s'agit d'une copie, appuyez sur la touche Ctrl et réalisez un cliqué-glissé jusqu'à la destination de la copie.

  S'il s'agit d'un déplacement, réalisez un simple cliqué-glissé vers la nouvelle position de la sélection.

  Pour effectuer une copie/un déplacement horizontal ou vertical, maintenez la touche ⇧ enfoncée lors du cliqué-glissé ou du Ctrl cliqué-glissé.

  Lors d'un déplacement, le pointeur se transforme en ✥ ; lors d'une copie, il se transforme en ↖⁺.
  Lors du cliqué-glissé, une ligne rose apparaît lorsque la position permet un alignement (à gauche, à droite ou au centre) avec un des objets de la page.

  Pour positionner précisément l'objet, vous pouvez vous référer aux coordonnées du coin supérieur gauche de l'objet qui apparaissent sur la barre d'état :

⇨ *Lors du cliqué-glissé les objets peuvent être comme "attirés" par les autres objets ou par les repères de la page si les options **Aligner sur** de l'onglet **Création de page** (groupe **Disposition**) sont actives.*

À l'aide des touches fléchées

- Sélectionnez le ou les objets concernés.
- Utilisez les touches fléchées pour déplacer l'objet ; par défaut, le déplacement est de 0,32 cm. Si le point d'insertion est visible dans l'objet (zone de texte), appuyez sur la touche Alt puis, tout en maintenant la touche enfoncée, appuyez sur une touche fléchée.

⇨ *Vous pouvez définir la valeur du déplacement grâce à l'option **Utiliser le paramètre de déplacement personnalisé** de la boîte de dialogue **Options Publisher** (onglet **Fichier - Options** - catégorie **Options avancées** puis **Options d'édition**).*

Par l'intermédiaire du Presse-papiers

- Sélectionnez les objets à transférer.
- Si vous souhaitez déplacer la sélection, cliquez sur l'outil **Couper** de l'onglet **Accueil** ou tapez Ctrl **X**.

  Si vous souhaitez dupliquer les objets, cliquez sur l'outil **Copier** de l'onglet **Accueil** ou tapez Ctrl **C**.

  Que vous ayez choisi l'un ou l'autre des outils, la sélection est transférée dans le Presse-papiers.

- Activez la page ou la composition destinatrice.
- Dans l'onglet **Accueil**, cliquez sur le bouton **Coller** ou tapez Ctrl **V**.

⇨ *Comme pour la copie et le déplacement de texte, vous pouvez aussi utiliser le volet **Presse-Papiers**.*

D- Positionner précisément un objet

Lorsqu'un objet est sélectionné, la position du coin supérieur gauche du cadre de sélection de l'objet apparaît sur la barre d'état :

- Sélectionnez l'objet à positionner.

▷ Dans l'onglet **Accueil**, cliquez sur le bouton **Habillage** puis sur l'option **Autres options de disposition** afin d'ouvrir la boîte de dialogue **Format** - onglet **Disposition**.

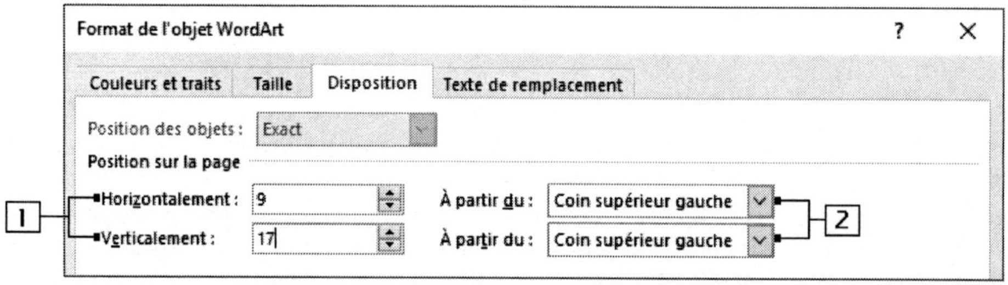

1 Définissez la position de l'objet dans la largeur de la page (**Horizontalement**) et/ou dans la hauteur de la page (**Verticalement**).

2 Indiquez le point de référence à partir duquel doit être appliquée cette distance.

⇨ *Vous pouvez aussi utiliser les zones* x 5,61 cm *et* y 9,81 cm *de la barre d'outils **Mesure**.*

⇨ *La boîte de dialogue **Format** peut être ouverte de bien d'autres façons : par un clic droit sur l'objet puis en cliquant sur **Format de...**, en cliquant sur le bouton du groupe **Taille** ou du groupe **Styles de formes** (ou **Styles d'images**) de l'onglet **Outils de dessin** (ou **Outils image**) - **Format**...*

E- Dimensionner un objet

▷ Sélectionnez le ou les objets à dimensionner.

▷ Pour modifier la largeur ou la hauteur de l'objet, positionnez le pointeur de la souris sur une des poignées centrales de manière à obtenir le pointeur : ⇔ ou ⇕. Pour modifier largeur et hauteur simultanément, pointez une poignée d'angle : le pointeur se transforme en ⤡ ou ⤢.

▷ Effectuez un cliqué-glissé seul ou avec :

[Ctrl]	pour redimensionner l'objet sans déplacer son centre.
[⇧]	pour redimensionner proportionnellement l'objet lorsque vous modifiez largeur et hauteur.
[Ctrl] [⇧]	pour redimensionner proportionnellement l'objet sans déplacer son centre lorsque vous modifiez largeur et hauteur.

F- Dimensionner précisément un objet

Cette manipulation permet d'appliquer des dimensions précises à l'objet ou de lui appliquer une mise à l'échelle. Lorsqu'un objet est sélectionné, ses dimensions apparaissent sur la barre d'état :

Dans l'onglet Format

- Sélectionnez l'objet concerné.
- Définissez la hauteur et la largeur de l'objet à partir des zones correspondantes du groupe **Taille** :

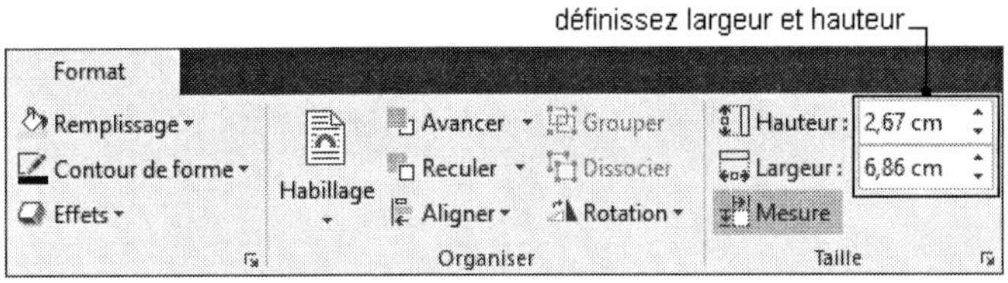

⇒ *Pour un tableau, l'onglet se nomme* ***Outils de tableau - Disposition****.*

À l'aide de la boîte de dialogue Format

- Sélectionnez l'objet concerné.
- Dans l'onglet **Outils... - Format**, cliquez sur le Lanceur de boîte de dialogue du groupe **Taille**.

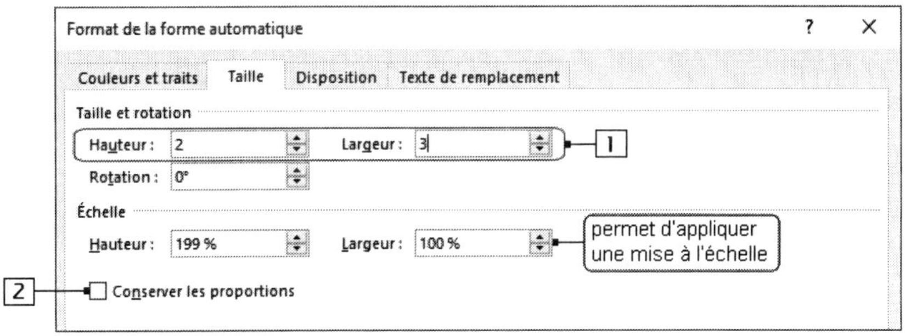

[1] Précisez la nouvelle **Hauteur** et/ou **Largeur** de l'objet.

[2] Cochez cette option afin que les proportions de l'objet soient conservées : modifier la hauteur entraîne alors une modification automatique de la largeur (et vice versa)

⇒ *Vous pouvez aussi utiliser les outils* 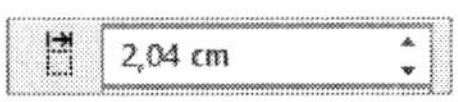

et 

de la barre d'outils ***Mesure****.*

G- Grouper/dissocier des objets

Les objets groupés peuvent être gérés comme un seul objet : vous pouvez plus aisément les déplacer, les copier, modifier leur présentation...

- Sélectionnez les objets concernés.
- Dans l'onglet **Accueil**, cliquez sur le bouton **Grouper** ou tapez Ctrl ⇧ **E**.

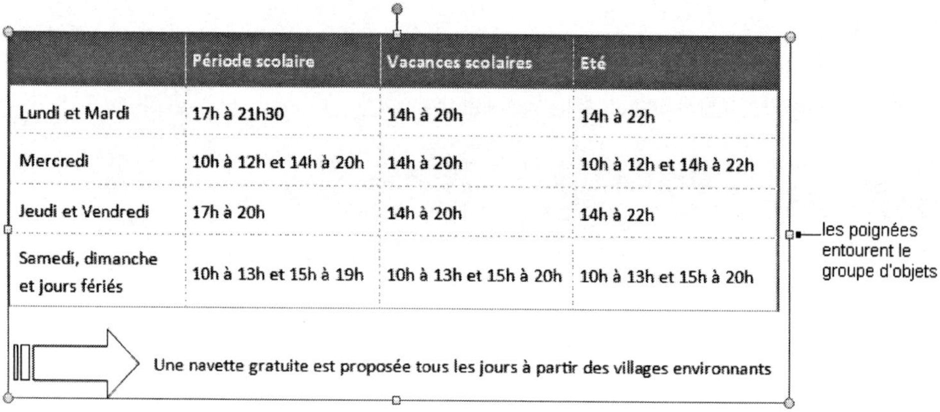

	Période scolaire	Vacances scolaires	Eté
Lundi et Mardi	17h à 21h30	14h à 20h	14h à 22h
Mercredi	10h à 12h et 14h à 20h	14h à 20h	10h à 12h et 14h à 22h
Jeudi et Vendredi	17h à 20h	14h à 20h	14h à 22h
Samedi, dimanche et jours fériés	10h à 13h et 15h à 19h	10h à 13h et 15h à 20h	10h à 13h et 15h à 20h

- Pour dissocier un groupe d'objets, sélectionnez-le puis cliquez sur le bouton **Dissocier** de l'onglet **Accueil** ou tapez Ctrl ⇧ **E**.

⇨ *Pour sélectionner un des objets du groupe, sélectionnez le groupe puis cliquez sur l'objet.*

H- Aligner des objets entre eux

- Sélectionnez les objets concernés.
- Dans l'onglet **Accueil** ou **Outils... - Format**, cliquez sur le bouton **Aligner**.

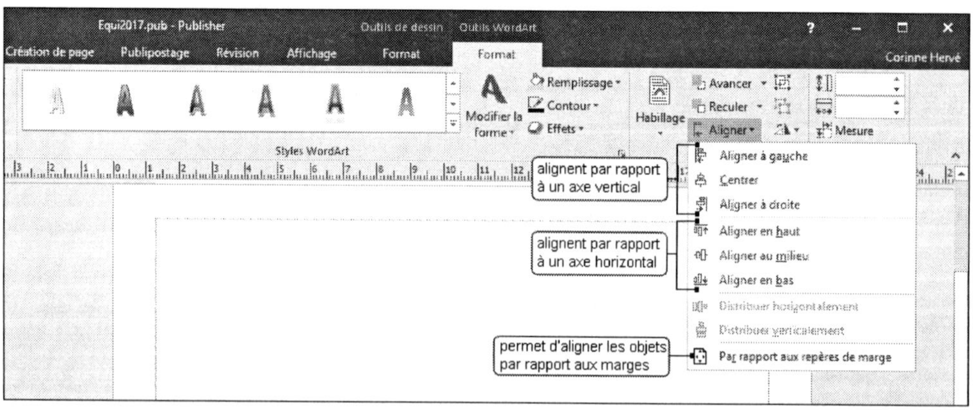

⇨ *Pour positionner un objet exactement au centre de la page, veillez à ce que l'option* ***Par rapport aux repères de marge*** *soit active puis activez successivement l'option* ***Centrer*** *puis l'option* ***Aligner au milieu****.*

I- Répartir les objets

Cette fonction permet d'égaliser la distance horizontale ou verticale séparant chaque objet.

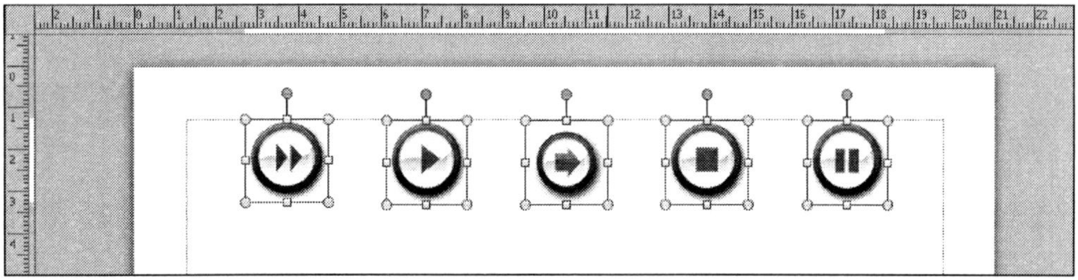

Ces boutons ont été alignés en haut puis répartis dans la largeur de la page à l'aide de l'option ***Distribuer horizontalement****.*

- ▷ Sélectionnez les objets concernés (ils doivent être au moins au nombre de trois).
- ▷ Si les objets doivent être répartis dans la largeur ou dans la hauteur de la page, activez l'option **Par rapport aux repères de marge** de la liste associée au bouton **Aligner** (onglet **Accueil** ou onglet **Outils... - Format**).
- ▷ Cliquez de nouveau sur le bouton **Aligner**. Pour égaliser l'espace horizontal séparant chaque objet, activez l'option **Distribuer horizontalement**. Pour égaliser l'espace vertical, activez l'option **Distribuer verticalement**.

J- Appliquer une symétrie aux objets

- ▷ Sélectionnez le ou les objets concernés.
- ▷ Dans l'onglet **Accueil** ou l'onglet **Outils... - Format**, cliquez sur le bouton **Rotation**.
- ▷ Choisissez **Retourner verticalement** pour appliquer une symétrie par rapport à un axe horizontal ou **Retourner horizontalement** pour appliquer une symétrie par rapport à un axe vertical.

K- Appliquer une rotation à un ou plusieurs objets

- ▷ Sélectionnez le ou les objets concernés.

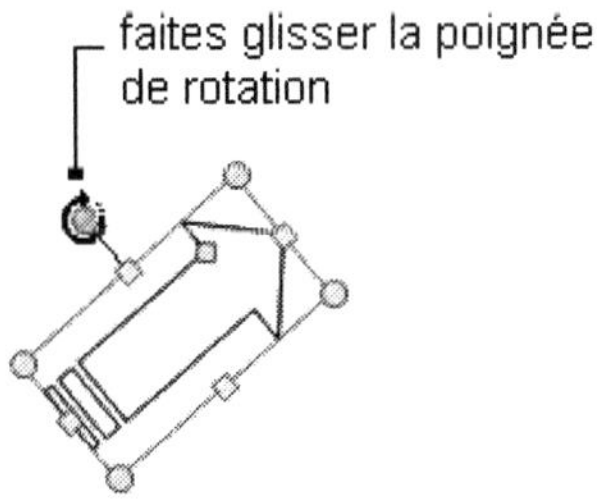

- ▷ Pour appliquer une rotation de 90° vers la gauche ou vers la droite, activez l'option **Faire pivoter à gauche de 90°** ou **Faire pivoter à droite de 90°** de la liste associée au bouton **Rotation** (onglet **Accueil** ou onglet **Outils... - Format**).

- ▷ Pour appliquer une autre rotation, utilisez l'option **Autres options de rotation** de cette liste ou la zone de saisie  de la barre d'outils **Mesure** pour préciser l'angle de rotation à appliquer.

L- Modifier l'ordre de superposition des objets

L'ordre de superposition des objets définit l'ordre d'empilement des objets qui sont placés les uns au-dessus des autres.

- ▷ Sélectionnez l'objet à déplacer dans la pile d'objets.
- ▷ Dans l'onglet **Accueil** ou **Outils... - Format**, cliquez sur le bouton **Avancer** ou sur le bouton **Reculer** pour faire avancer ou reculer l'objet dans la pile d'objets.
- ▷ Pour placer l'objet devant ou derrière tous les objets de la page, cliquez sur le triangle afin d'afficher la liste associée à l'objet **Avancer** ou **Reculer** puis cliquez sur **Mettre au premier plan** ou **Mettre à l'arrière-plan**.

M-Rogner une image

Il s'agit de recadrer l'image en masquant une zone que vous ne souhaitez pas afficher. Cette zone peut être rectangulaire ou définie selon une forme.

Rogner une image selon une forme rectangulaire

- ▷ Sélectionnez l'image concernée.
- ▷ Dans l'onglet **Outils Image - Format**, cliquez sur l'outil **Rogner** .

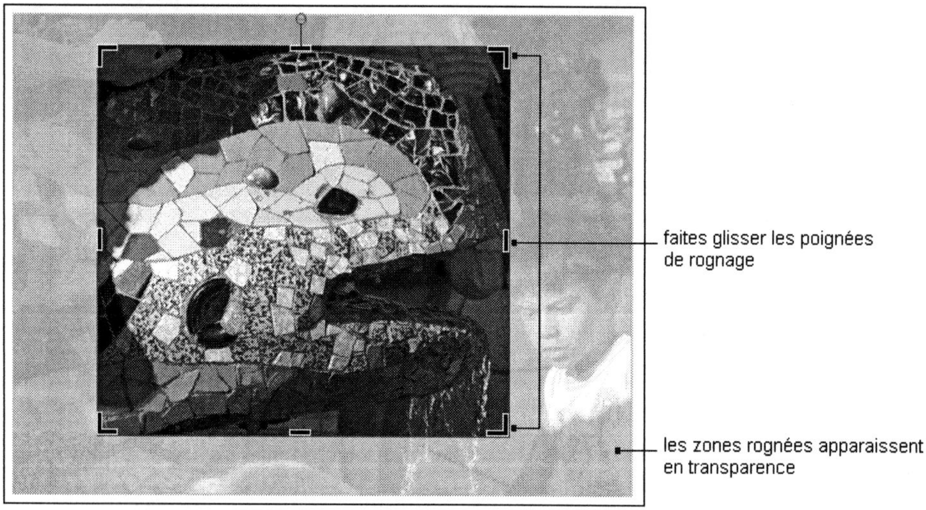

- ▷ Cliquez de nouveau sur l'outil **Rogner** 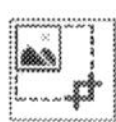 pour désactiver la fonction de rognage ou cliquez en dehors de l'image.

La zone dans laquelle apparaît l'image est appelée zone d'image.

- Pour retrouver l'image entière, vous pouvez :

  - cliquer sur le bouton **Effacer le rognage** : vous retrouvez l'image d'origine.

  - cliquer sur le bouton **Ajuster** : l'image entière apparaît dans la zone d'image, les proportions d'origine sont conservées, la zone d'image n'est donc pas intégralement remplie.

  - cliquer sur le bouton **Remplir** : l'image d'origine remplit intégralement la zone d'image, les proportions sont conservées, certaines zones de l'image peuvent être rognées.

Rogner une image selon une forme automatique

- Sélectionnez l'image concernée.
- Dans l'onglet **Outils Image - Format**, ouvrez la liste associée à l'outil **Rogner** , cliquez sur l'option **Rogner à la forme** puis cliquez sur la forme automatique à utiliser pour rogner l'image.

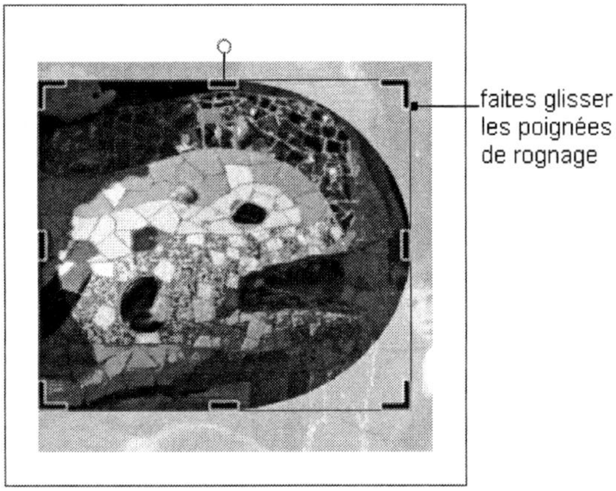

- Cliquez en dehors de l'image pour valider le rognage.

⇨ *Pour retrouver l'image entière, vous pouvez utiliser les boutons **Effacer le rognage** , **Ajuster** ou **Remplir** .*

⇨ *Pour supprimer définitivement les zones rognées, vous devez compresser les images.*

N - Compresser les images de la composition

- Sélectionnez une ou plusieurs images à compresser ; dans l'onglet **Outils Image - Format**, cliquez sur l'outil du groupe **Ajuster**.

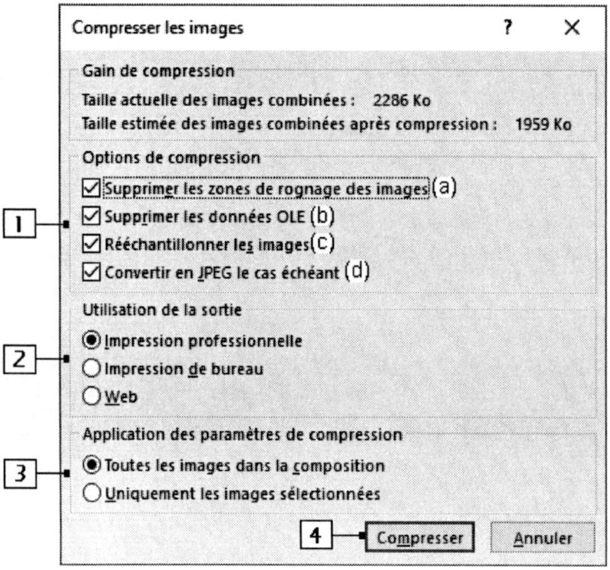

[1] Définissez les options de compression :

(a) pour retirer les zones que vous avez rognées.
(b) pour supprimer les informations liées à l'incorporation de l'image.
(c) pour réduire le poids des images redimensionnées en supprimant les informations relatives à la taille d'origine des images.
(d) pour convertir l'image au format JPEG.

[2] Choisissez le type de compression en fonction de l'utilisation prévue de la composition.

[3] Indiquez si ces paramètres doivent s'appliquer à toutes les images de la composition ou seulement aux images sélectionnées.

[4] Compressez les images.

O-Définir le mode d'habillage d'un objet

Le mode d'habillage détermine la façon dont le texte se répartit autour d'un objet.

Le texte peut encadrer l'objet :

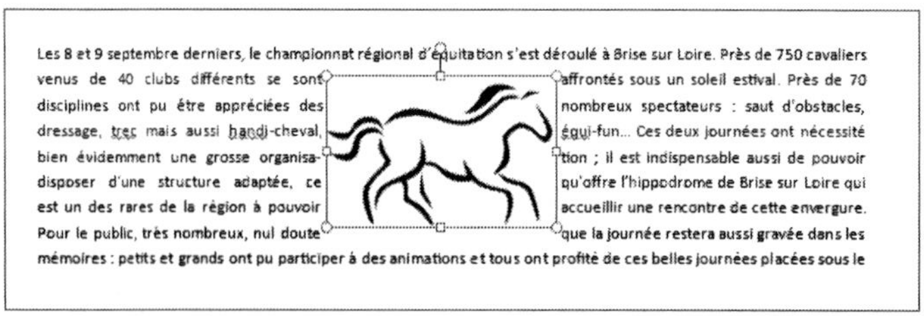
Les 8 et 9 septembre derniers, le championnat régional d'équitation s'est déroulé à Brise sur Loire. Près de 750 cavaliers venus de 40 clubs différents se sont affrontés sous un soleil estival. Près de 70 disciplines ont pu être appréciées des nombreux spectateurs : saut d'obstacles, dressage, trec mais aussi handi-cheval, équi-fun... Ces deux journées ont nécessité bien évidemment une grosse organisation ; il est indispensable aussi de pouvoir disposer d'une structure adaptée, ce qu'offre l'hippodrome de Brise sur Loire qui est un des rares de la région à pouvoir accueillir une rencontre de cette envergure. Pour le public, très nombreux, nul doute que la journée restera aussi gravée dans les mémoires : petits et grands ont pu participer à des animations et tous ont profité de ces belles journées placées sous le

Le texte peut s'aligner uniquement sur un côté de l'objet :

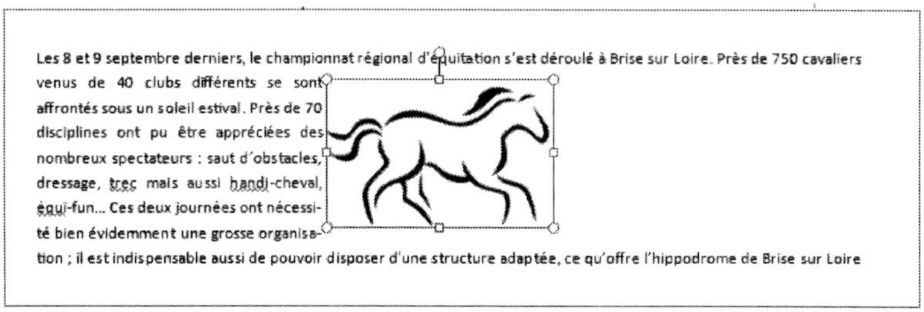
Les 8 et 9 septembre derniers, le championnat régional d'équitation s'est déroulé à Brise sur Loire. Près de 750 cavaliers venus de 40 clubs différents se sont affrontés sous un soleil estival. Près de 70 disciplines ont pu être appréciées des nombreux spectateurs : saut d'obstacles, dressage, trec mais aussi handi-cheval, équi-fun... Ces deux journées ont nécessité bien évidemment une grosse organisation ; il est indispensable aussi de pouvoir disposer d'une structure adaptée, ce qu'offre l'hippodrome de Brise sur Loire

Le texte peut se répartir au-dessus et en dessous de l'objet :

Les 8 et 9 septembre derniers, le championnat régional d'équitation s'est déroulé à Brise sur Loire. Près de 750 cavaliers venus de 40 clubs différents se sont affrontés sous un soleil estival. Près de 70 disciplines ont pu être appréciées des nombreux spectateurs : saut d'obstacles, dressage, trec mais aussi handi-cheval, équi-fun... Ces deux journées ont nécessité bien évidemment une grosse organisation ; il est indispensable aussi de pouvoir disposer d'une structure adaptée, ce qu'offre l'hippodrome de Brise sur Loire qui est un des rares de la région à pouvoir accueillir une rencontre de cette envergure. Pour le public, très nombreux, nul doute que la journée restera aussi gravée dans les mémoires : petits

Le texte peut suivre les contours de l'objet :

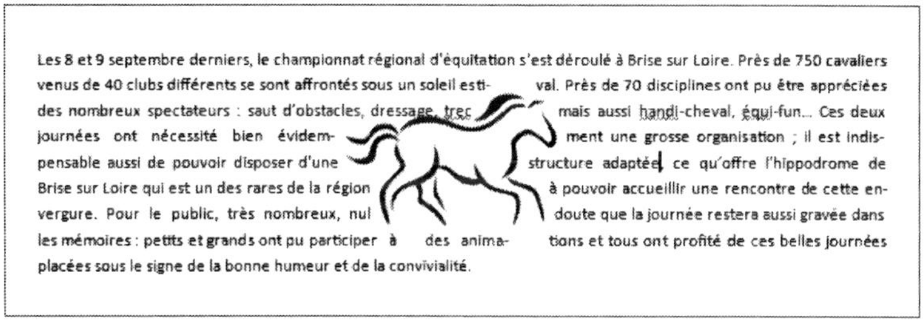
Les 8 et 9 septembre derniers, le championnat régional d'équitation s'est déroulé à Brise sur Loire. Près de 750 cavaliers venus de 40 clubs différents se sont affrontés sous un soleil estival. Près de 70 disciplines ont pu être appréciées des nombreux spectateurs : saut d'obstacles, dressage, trec mais aussi handi-cheval, équi-fun... Ces deux journées ont nécessité bien évidemment une grosse organisation ; il est indispensable aussi de pouvoir disposer d'une structure adaptée, ce qu'offre l'hippodrome de Brise sur Loire qui est un des rares de la région à pouvoir accueillir une rencontre de cette envergure. Pour le public, très nombreux, nul doute que la journée restera aussi gravée dans les mémoires : petits et grands ont pu participer à des animations et tous ont profité de ces belles journées placées sous le signe de la bonne humeur et de la convivialité.

- Sélectionnez l'objet concerné.
- Dans l'onglet **Outils... - Format** ou dans l'onglet **Accueil**, ouvrez la liste associée au bouton **Habillage** puis choisissez un type d'habillage.

  Pour définir plus précisément l'habillage, cliquez sur **Autres options de disposition**.

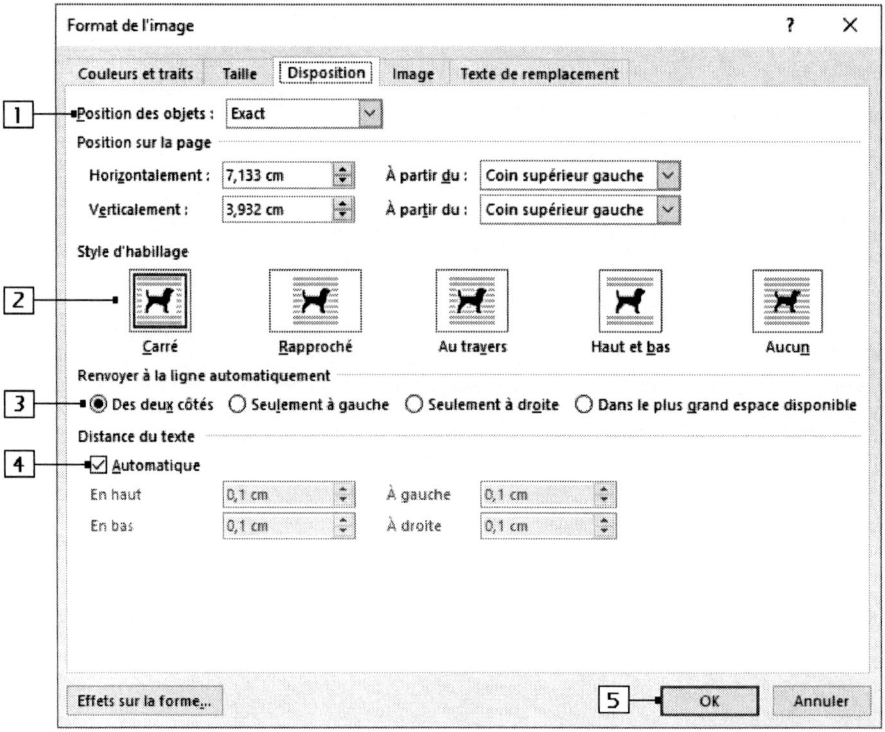

[1] Veillez à ce que l'option **Exact** soit sélectionnée.

[2] Choisissez un type d'habillage.

[3] Indiquez ensuite si le texte doit se répartir des deux côtés verticaux de l'objet ou seulement du côté gauche ou seulement du côté droit ou seulement du côté le plus grand.

[4] Si vous avez choisi le type d'habillage **Carré**, décochez, si besoin est, la case **Automatique** et précisez la distance entre l'objet et le texte sur les quatre côtés du cadre d'objet.

[5] Cliquez sur **OK**.

⇨ *Pour une image ou un objet WordArt, vous avez la possiblité d'ajuster l'habillage selon une forme que vous dessinez (cf. Ajuster l'habillage d'un objet ci-après).*

P- Ajuster l'habillage d'un objet

Cette fonction permet de dessiner le contour de l'habillage.

▹ Sélectionnez l'objet.

▹ Activez, si besoin est, l'habillage **Au travers** (cf. 6.1 - O - Définir le mode d'habillage d'un objet).

▹ Dans l'onglet **Outils... - Format** ou l'onglet **Accueil**, cliquez sur le bouton **Habillage**  puis sur l'option **Modifier les points de l'habillage**.

Des carrés noirs apparaissent autour de l'objet, ils délimitent le contour d'habillage.

- Ajoutez et positionnez les différents points comme lorsque vous modifiez un tracé : pour ajouter un point, appuyez sur Ctrl, cliquez et faites glisser le point pour le positionner ; pour supprimer un point, appuyez sur Ctrl et cliquez sur le point à supprimer.

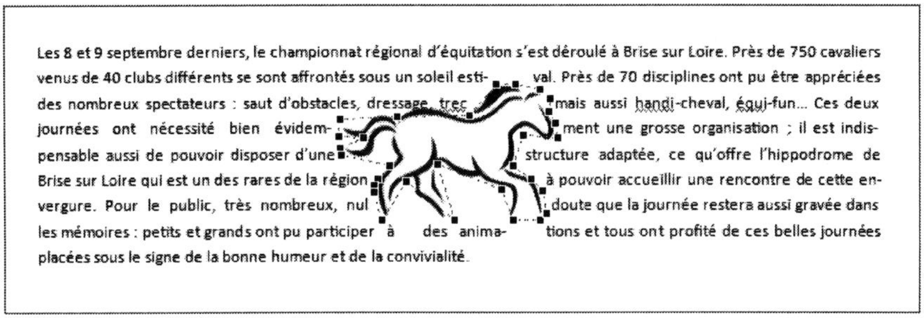

Le texte se répartit autour du contour d'habillage.

- Lorsque le contour d'habillage vous convient, désactivez l'option **Modifier les points de l'habillage** associée à l'outil **Habillage**.

Q-Ancrer un objet au texte

Cette fonction permet de lier le texte et l'objet comme si celui-ci faisait partie du texte ; ainsi, si vous supprimez ou ajoutez du texte, l'objet suit le texte correspondant.

- Positionnez l'objet par rapport au texte ; si vous souhaitez l'insérer dans une ligne du texte, positionnez le bord inférieur de l'objet au niveau de cette ligne.
- Dans l'onglet **Accueil** ou l'onglet **Outils... - Format**, cliquez sur l'outil **Habillage** puis sur **Autres options de disposition** afin d'ouvrir la boîte de dialogue **Format**.
- Dans la liste déroulante **Position des objets**, sélectionnez l'option **Aligné**.
- Pour insérer l'objet dans la ligne de texte, veillez à ce que l'option **Déplacer avec le texte** soit active ; si vous souhaitez lier l'objet au texte sans l'intégrer dans une ligne de texte, précisez si l'objet doit être aligné **À gauche** ou **À droite**.
- Cliquez sur **OK**.

R- Gérer les images de la composition à l'aide du Gestionnaire de graphismes

Le Gestionnaire de graphismes permet de visualiser la liste des images insérées dans la composition pour y accéder rapidement ou pour effectuer certaines opérations comme, par exemple, mettre à jour une image liée, remplacer une image par une autre, visualiser des informations détaillées sur chaque image...

Dans le cas d'une impression professionnelle, le Gestionnaire de graphismes permet de vérifier l'état et la liste des images liées dont les fichiers source doivent être transmis à l'imprimeur.

- Pour afficher le Gestionnaire de graphismes, dans l'onglet **Affichage**, cochez l'option **Gestionnaire de graphismes**.

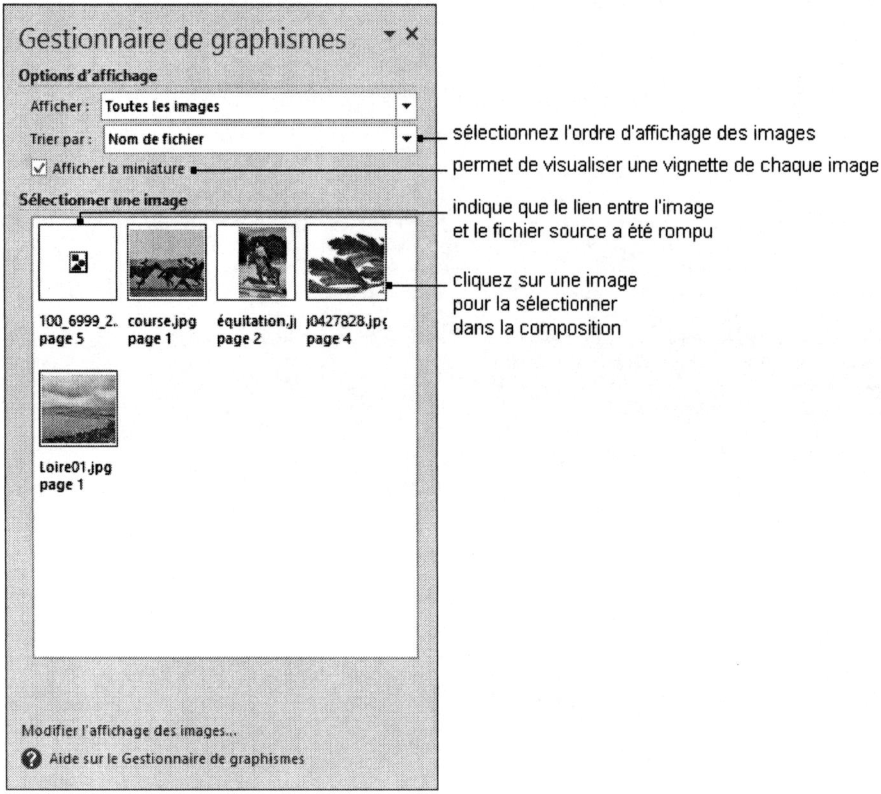

- Pour afficher uniquement les images liées à un fichier source dont le lien a été rompu (si le fichier source a disparu, par exemple) ou dont le fichier source a été modifié sans que l'image de la composition n'ait été mise à jour, sélectionnez l'option **Images manquantes/modifiées** de la liste **Afficher**.
- Pour afficher des informations sur une image, pointez l'image dans le **Gestionnaire de graphismes**, cliquez sur  puis sur **Détails**.
- Pour remplacer une image par une autre, pointez l'image dans le **Gestionnaire de graphismes**, cliquez sur  puis sur **Remplacer cette image**. Sélectionnez l'image puis cliquez sur **Insérer**.

  L'image correspondante est alors remplacée dans la page de la composition (et non sur toutes les pages).
- Pour mettre à jour une image liée de la composition dont le fichier source a été modifié, pointez l'image dans le **Gestionnaire de graphismes**, cliquez sur  puis sur **Mettre à jour ce lien**.

- Pour rétablir le lien avec le fichier source, pointez l'image dans le **Gestionnaire de graphismes**, cliquez sur ▾ puis sur **Rechercher l'image liée**. Sélectionnez le fichier image source puis cliquez sur **Lier au fichier**.

  L'aperçu de l'image est de nouveau visible.
- Pour enregistrer une image de la composition dans un fichier indépendant, pointez l'image dans le **Gestionnaire de graphismes**, cliquez sur ▾ puis sur **Enregistrer en tant qu'image liée**.
  Sélectionnez le dossier d'enregistrement, choisissez le **Type** de fichier, précisez le **Nom de fichier** puis cliquez sur **Enregistrer**.
- À l'inverse, pour incorporer dans la composition une image liée à un fichier source, pointez l'image dans le **Gestionnaire de graphismes**, cliquez sur ▾ puis sur **Convertir en image incorporée**.

⇨ *Pour échanger deux images de la composition, vous pouvez sélectionner ces deux images puis, dans l'onglet **Outils Image - Format**, cliquer sur le bouton **Echanger**. Si vous ouvrez la liste associée à cet outil vous aurez la possibilité d'**Echanger uniquement la mise en forme**.*

6.2 La présentation des objets

A- Modifier le contour d'un objet

À l'aide de l'outil Contour

- Sélectionnez le ou les objets concernés.
- Dans l'onglet **Outils... - Format**, ouvrez la liste associée à l'outil **Contour**.

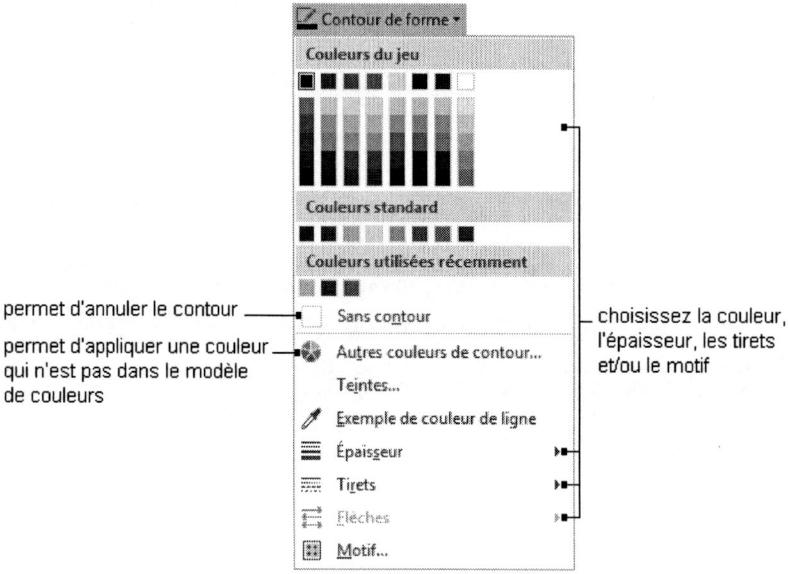

*L'option **Exemple de couleur de ligne** permet d'appliquer une couleur quelconque d'un objet de la composition (cf. 6.2 - B - Appliquer une couleur de fond à un objet).*

À l'aide de la boîte de dialogue Format

- Sélectionnez le ou les objets concernés.
- Dans l'onglet **Outils... - Format**, cliquez sur le Lanceur de boîte de dialogue du groupe **Styles de formes** ou **Styles d'images** selon le cas.

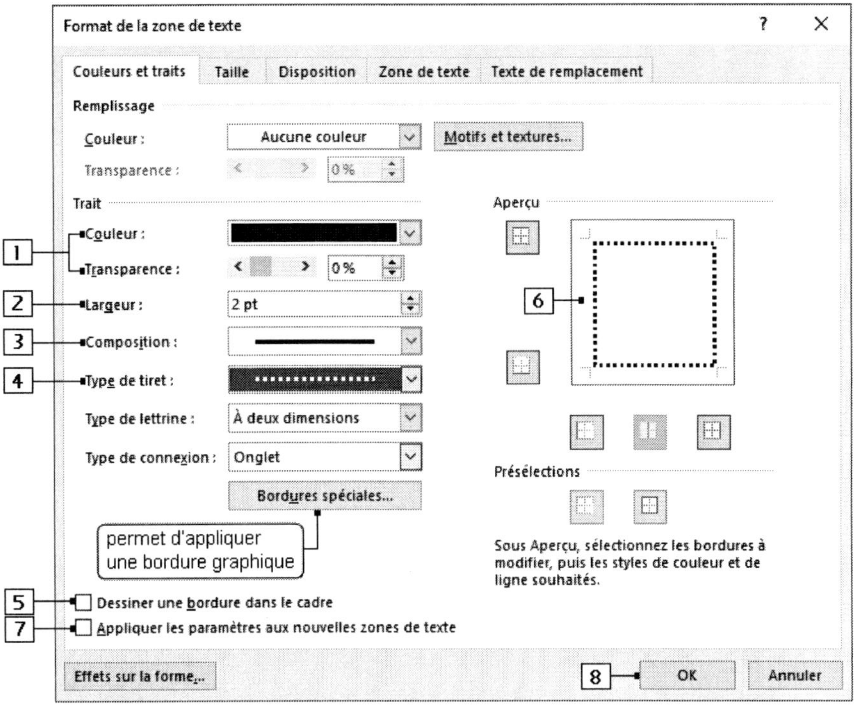

1 Sélectionnez la couleur du contour et appliquez, si besoin est, une transparence.

2 Définissez la **Largeur** du contour.

3 Sélectionnez ensuite le style du contour.

4 Pour appliquer un contour en pointillés, sélectionnez le **Type de tiret**.

5 Décochez cette option pour que le contour soit centré par rapport au cadre de l'objet.

6 Pour modifier individuellement chaque bordure de l'objet, cliquez dans la zone **Aperçu** sur le bord correspondant. Définissez ensuite les paramètres de ce bord (**Couleur**, **Largeur**...). Pour masquer ce bord, choisissez **Sans contour** dans la liste déroulante **Couleur**.

7 Activez cette option pour que le contour soit appliqué automatiquement à tout nouvel objet.

8 Cliquez sur **OK**.

B- Appliquer une couleur de fond à un objet

Appliquer une couleur du modèle de couleurs

Un modèle de couleurs est un ensemble défini de couleurs associé à une composition. Chaque composition Publisher possède un modèle de couleurs par défaut.

▷ Sélectionnez le ou les objets concernés.

▷ Dans l'onglet **Outils... - Format**, ouvrez la liste associée à l'outil **Remplissage** .

cliquez sur une des couleurs du jeu

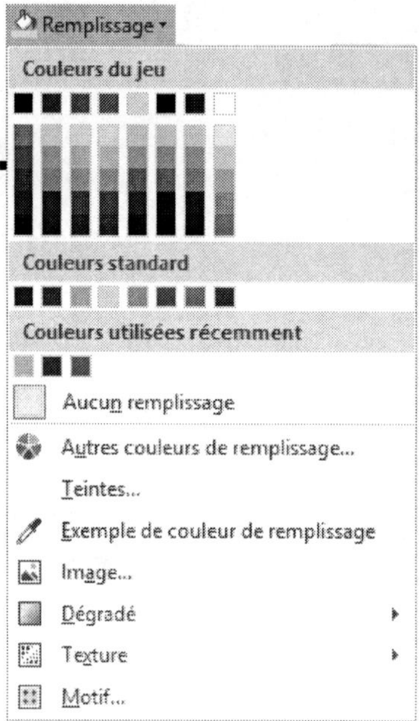

Appliquer une autre couleur

▷ Sélectionnez le ou les objets concernés.

▷ Dans l'onglet **Outils... - Format**, ouvrez la liste associée à l'outil **Remplissage** 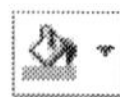 puis cliquez sur **Autres couleurs de remplissage**.

*Cette option est disponible aussi à partir de la liste déroulante **Couleur** de l'onglet **Couleurs et traits** de la boîte de dialogue **Format**.*

▷ Sélectionnez une des couleurs proposées dans l'onglet **Standard** ou, si vous souhaitez définir vous-même les différentes composantes de la couleur, cliquez sur l'onglet **Personnalisées**.

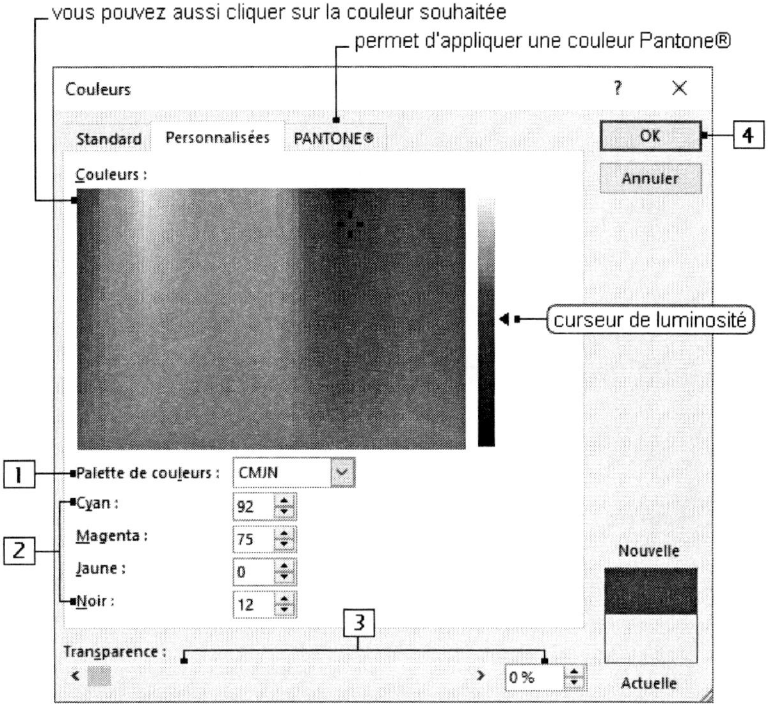

1 Choisissez le modèle de couleurs à utiliser.

RVB : modèle de couleurs utilisé par les systèmes vidéo ; chaque couleur est définie selon la quantité de couleurs primaires **R**ouge, **V**ert et **B**leu (de 0 à 255).

TSL : modèle fondé sur la perception des couleurs par l'oeil humain définies en fonction de trois caractéristiques : la **T**einte, la **S**aturation et la **L**uminosité.

CMJN : modèle utilisé par les imprimeurs pour l'impression quadri des documents sur quatre films correspondant à quatre encres différentes : **C**yan, **M**agenta, **J**aune et **N**oir (valeurs comprises entre 0 % et 100 %).

2 Définissez ensuite les différentes composantes de la couleur.

3 Appliquez, si besoin est, un effet de transparence à la couleur.

4 Cliquez sur **OK**.

⇨ *Chaque couleur Pantone® correspond à une encre prédéfinie : ce type de couleur est utilisé pour les documents professionnels, lorsque la couleur doit être reproduite fidèlement (pour un logo, par exemple).*

Appliquer une couleur quelconque de la composition

L'outil Pipette permet de sélectionner n'importe quelle couleur visible sur la composition, dans une image par exemple, afin de l'appliquer à un autre élément.

▷ Sélectionnez l'objet sur lequel vous souhaitez appliquer la couleur.

▷ Dans l'onglet **Outils... - Format**, ouvrez la liste associée à l'outil  puis cliquez sur **Exemple de couleur de remplissage**.

Le pointeur prend la forme d'une pipette.

▷ Cliquez, dans la composition, sur la couleur à appliquer à l'objet.

C- Modifier couleurs, luminosité et contraste d'une image

▷ Sélectionnez l'image concernée.

▷ Pour modifier les couleurs de l'image, dans l'onglet **Outils Image - Format**, cliquez sur le bouton **Recolorier**  puis cliquez sur une des variantes proposées ou cliquez sur **Autres variations** pour choisir une autre couleur.

▷ Pour modifier la luminosité et/ou le contraste d'une image, ouvrez la liste associée au bouton **Corrections**  de l'onglet **Outils Image - Format** :

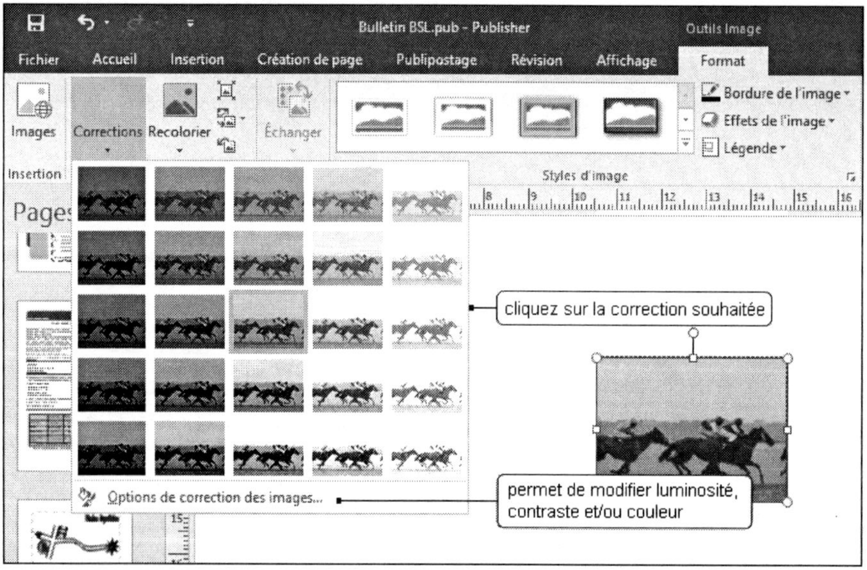

D- Appliquer un style à un objet

- ▷ Sélectionnez l'objet concerné.
- ▷ Dans l'onglet **Outils de dessin - Format**, ouvrez la galerie des styles en cliquant sur le bouton .

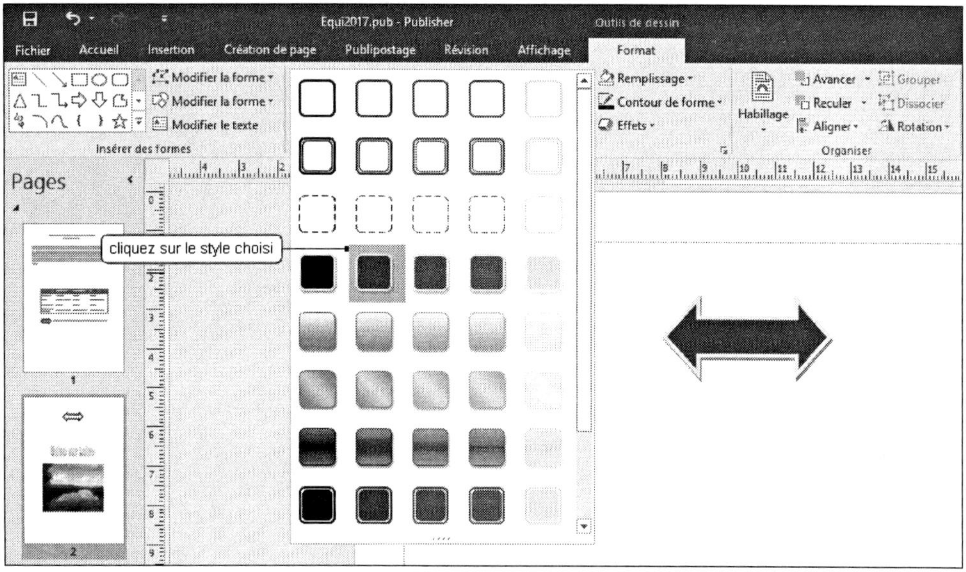

⇨ *Selon le même principe, vous pouvez appliquer un style à une image.*

E- Appliquer un dégradé au fond d'un objet

- ▷ Sélectionnez l'objet concerné.
- ▷ Dans l'onglet **Outils de dessin - Format**, ouvrez la liste associée à l'outil **Remplissage** , pointez l'option **Dégradé** puis cliquez sur un dégradé prédéfini.
- ▷ Si aucun dégradé ne vous convient, cliquez sur l'option **Autres dégradés**.

  *Vous pouvez aussi ouvrir ce volet à partir du bouton **Motifs et textures** de l'onglet **Couleurs et traits** de la boîte de dialogue **Format**.*

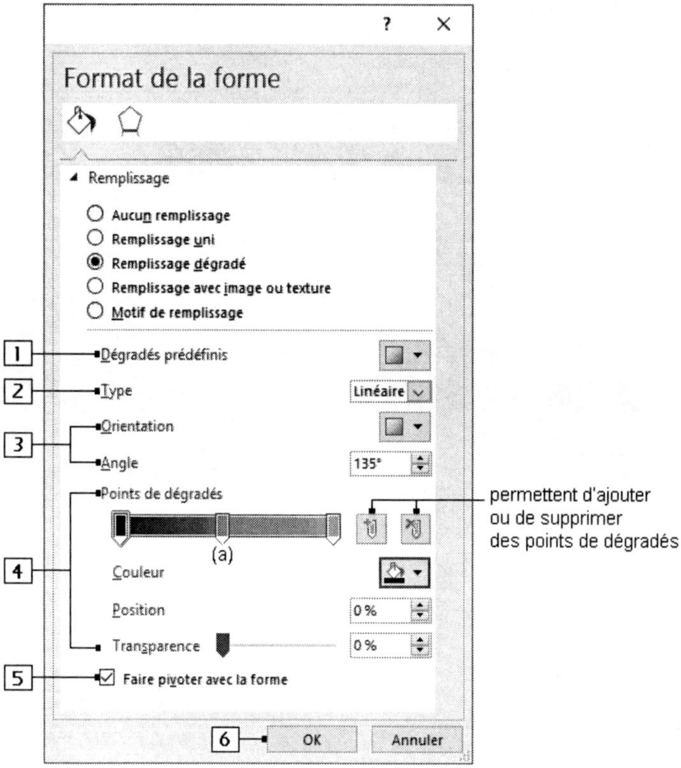

1 Sélectionnez, si besoin est, un dégradé prédéfini.

2 Sélectionnez le type de dégradé.

3 Choisissez l'orientation à appliquer au dégradé et modifiez, si besoin est, l'angle d'application.

4 Pour définir les couleurs du dégradé, cliquez sur un des **Points de dégradés** (a) puis choisissez la **Couleur** associée à ce point et éventuellement la **Transparence**. Faites glisser le curseur pour définir l'amplitude appliquée à la couleur.

5 Activez cette option pour que le dégradé pivote lorsque vous appliquez une rotation à l'objet.

6 Cliquez sur **OK**.

Appliquer une image/une texture au fond d'un objet

- Sélectionnez l'objet.
- Dans l'onglet **Outils de dessin - Format**, ouvrez la liste associée à l'outil **Remplissage** , pointez l'option **Texture** puis cliquez sur une des textures proposées ou sur l'option **Autres textures**.

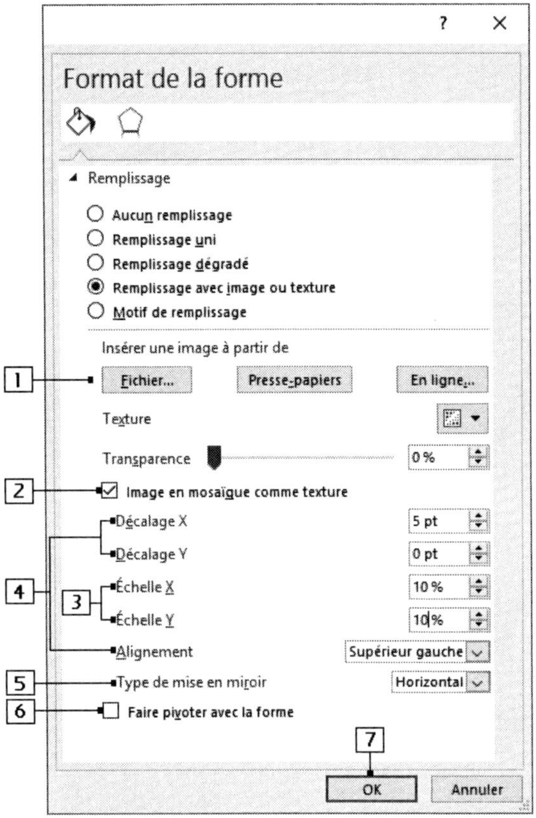

1 Sélectionnez l'image à insérer à partir de votre ordinateur ou d'un site Internet (**En ligne**).

2 Activez cette option pour que l'image soit répétée dans le fond de l'objet. Dans le cas contraire, vous pouvez alors définir la position de l'image et cocher l'option **Conserver les proportions** pour que l'image ne remplisse pas l'objet et conserve ses proportions d'origine.

3 Définissez les dimensions de l'image.

4 Définissez la position de la première image de la mosaïque et appliquez, si besoin est, un décalage horizontal/vertical.

5 Vous pouvez appliquer une symétrie aux images.

6 Cochez cette option pour que le remplissage pivote lorsque vous appliquez une rotation à la forme.

7 Cliquez sur **OK**.

▷ *Pour appliquer une image sans définir d'option de remplissage, vous pouvez utiliser l'option **Image** associée à l'outil **Remplissage*** .

F- Rendre des objets transparents

Il s'agit de supprimer toute couleur de fond ou motif de remplissage.

▷ Sélectionnez le ou les objets concernés.

▷ Dans l'onglet **Outils de dessin - Format**, ouvrez la liste associée à l'outil **Remplissage** puis cliquez sur l'option **Aucun remplissage**.

G-Appliquer des effets à un objet ou une image

Appliquer un effet d'ombre

▷ Sélectionnez l'objet ou l'image.

▷ Dans l'onglet **Outils... - Format**, cliquez sur le bouton **Effets**, sur **Ombre** puis sur l'effet d'ombre à appliquer. Pour paramétrer l'effet, cliquez sur **Options d'ombres** :

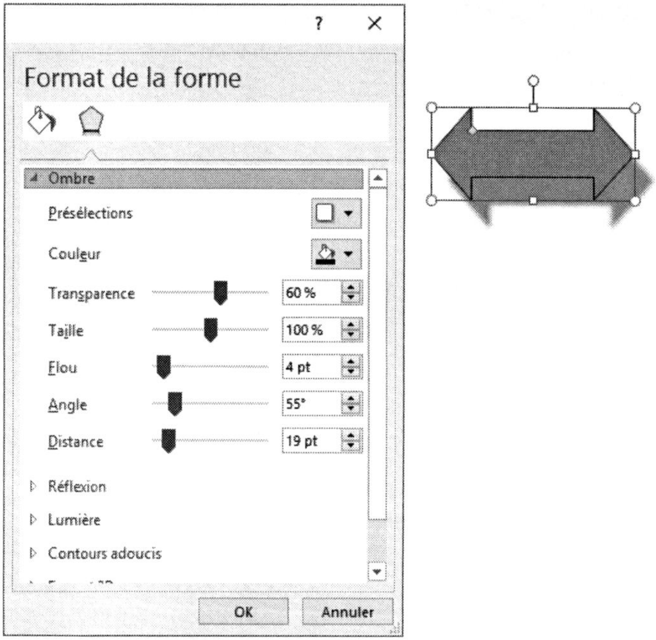

Appliquer un effet 3D

▷ Sélectionnez l'objet ou l'image.

▷ Dans l'onglet **Outils... - Format**, cliquez sur le bouton **Effets** puis sur l'option **Biseau**.

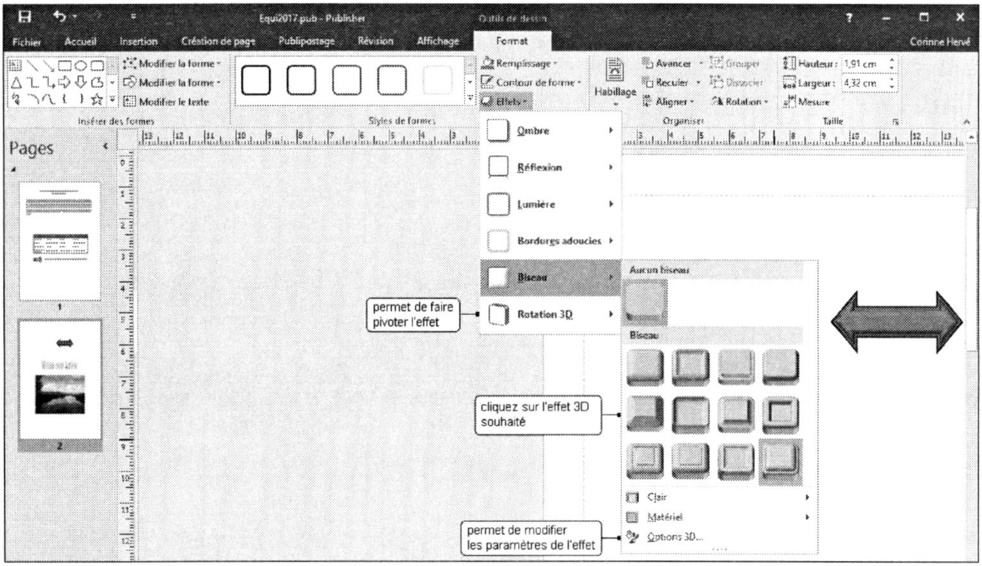

⇨ *Des effets de **Réflexion**, **Lumière** et **Bordures adoucies** sont disponibles à partir du bouton **Effets**.*

H-Copier le format d'un objet

▷ Sélectionnez l'objet dont vous souhaitez recopier la présentation.

▷ Dans l'onglet **Accueil**, cliquez sur l'outil **Reproduire la mise en forme** puis sur l'objet à mettre en forme.

⇨ *Par cette technique, vous pouvez également copier la mise en forme d'un texte (présentation des caractères et des paragraphes) sur un autre.*

⇨ *Si vous faites un double clic sur l'outil , vous pouvez alors sélectionner plusieurs objets destinataires du format. Il suffit ensuite de faire* Echap *pour désactiver l'outil.*

7.1 Impression et aperçu

A- Utiliser l'aperçu avant impression

▷ Cliquez sur l'onglet **Fichier** puis sur **Imprimer**.

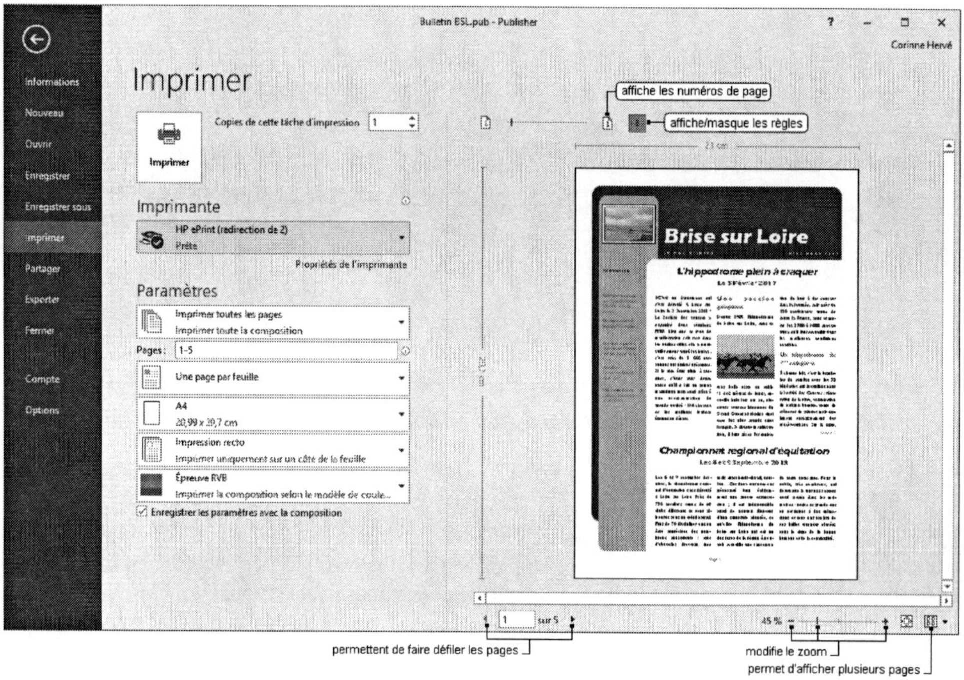

▷ Pour modifier le zoom d'affichage, cliquez sur la page à l'endroit que vous voulez zoomer ou utilisez les boutons ou le curseur de zoom.

▷ Pour lancer l'impression à partir de l'aperçu, cliquez sur le bouton **Imprimer**. Sinon, refermez la fenêtre en cliquant sur le bouton ⊖.

B- Imprimer une composition

▹ Dans l'onglet **Fichier**, cliquez sur **Imprimer** ou tapez [Ctrl] **P**.

[1] Sélectionnez, si besoin est, le nom de l'imprimante à utiliser.

[2] Indiquez quelles sont les pages à imprimer.

[3] Modifiez, si besoin est, la taille du papier et l'orientation proposée.

[4] Si vous souhaitez imprimer en recto verso, sélectionnez une option **Impression recto verso** (**Retourner les feuilles sur les bords longs** ou **Retourner les feuilles sur les bords courts**) selon l'orientation de l'impression. Vous aurez alors la possibilité de remettre la feuille imprimée dans votre imprimante pour pouvoir imprimer le verso.

[5] Entrez le nombre d'exemplaires à imprimer.

[6] Lancez l'impression.

⇨ *Par défaut, les paramètres d'impression sont enregistrés avec la composition.*

C- Imprimer une page de dimension supérieure à la feuille

Lorsque le document à imprimer est plus grand que la feuille de papier sur laquelle vous allez réaliser les premières impressions, il faudra plusieurs feuilles de papier pour imprimer une seule page de la composition (dans le cas d'une affiche au format A3 par exemple, il faut 3 pages A4 en orientation Portrait pour l'imprimer) : en assemblant les différentes pages, vous pourrez alors obtenir une vue globale de votre document. Cette manipulation vous permet de définir certaines options d'impression spécifiques à ce type d'impression.

▷ Dans l'onglet **Fichier**, cliquez sur **Imprimer** ou tapez Ctrl **P**.

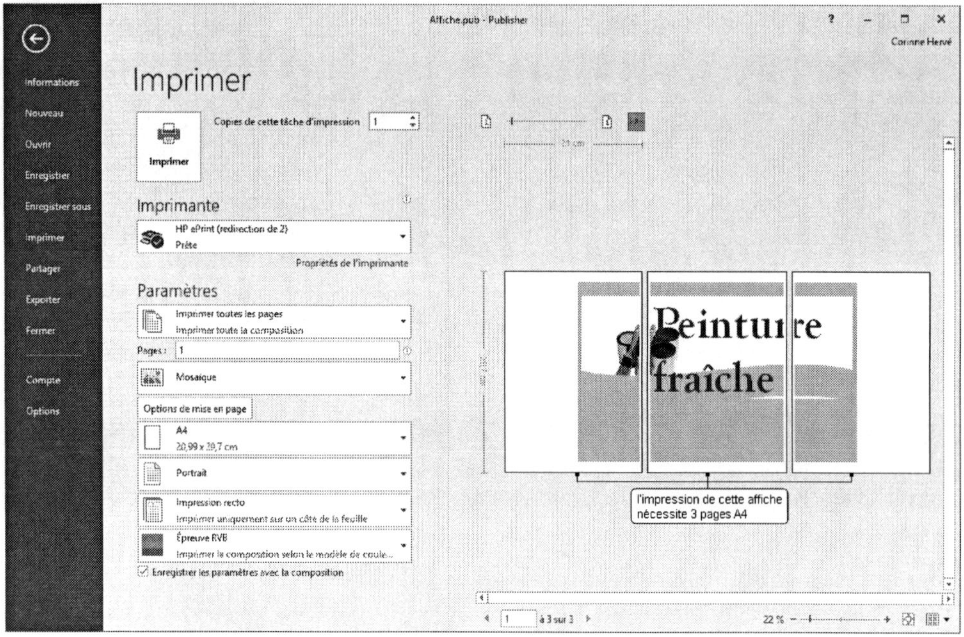

▷ Cliquez sur le bouton **Options de mise en page**.

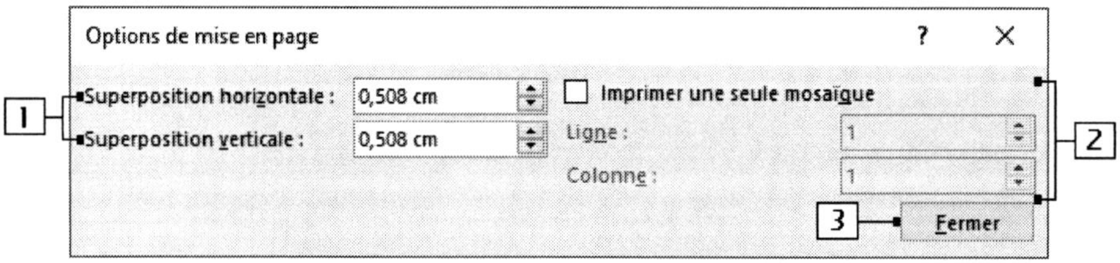

[1] Déterminez la largeur des bandes qui permettront ensuite l'assemblage des feuilles.

[2] Pour imprimer une seule feuille de la composition, activez cette option et définissez la feuille à imprimer en fonction de sa position en terme de **Ligne** et de **Colonne**.

[3] Refermez la boîte de dialogue.

▷ Lancez l'impression en cliquant sur le bouton **Imprimer**.

D- Imprimer plusieurs pages sur une même feuille

Lorsque le document à imprimer est plus petit que la feuille de papier sur laquelle vous imprimez, vous avez la possibilité d'imprimer plusieurs pages sur une même feuille (c'est le cas, par exemple, pour des cartes de visite ou des petits prospectus...).

▷ Dans l'onglet **Fichier**, cliquez sur **Imprimer** ou tapez Ctrl **P**.

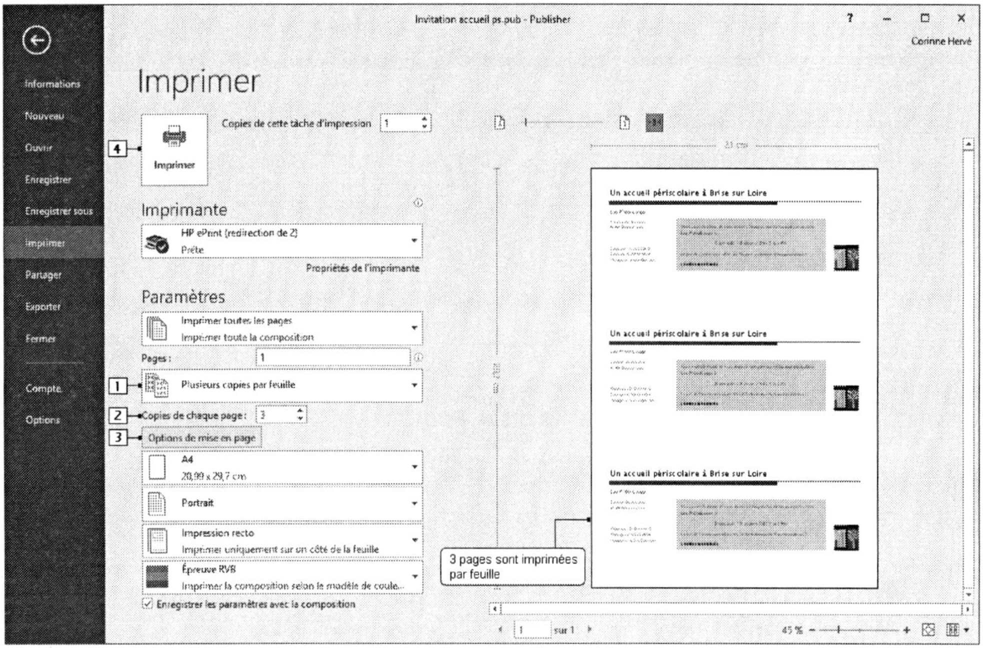

[1] Choisissez cette option.

[2] Précisez le nombre de pages à imprimer sur chaque feuille de papier.

[3] Définissez les options de mise en page :

- Modifiez les options **Première ligne** et **Première colonne** pour que l'impression commence en ligne x ou colonne y de la mosaïque.
- Définissez les marges à gauche (**Marge latérale**) et en haut (**Marge supérieure**).
- Pour modifier l'espace entre chaque page imprimée, modifiez les valeurs **Espace horizontal** et **Espace vertical**.
- Cliquez sur le bouton **Fermer**.

[4] Lancez l'impression.

8.1 Fusion et publipostage

A- Créer un mailing de type Publipostage à l'aide de l'Assistant

Publisher vous permet de concevoir trois types de mailing (ou publipostage) :

- *Le type appelé* ***Fusion et publipostage*** *permet de créer une lettre-type avec des données fixes et variables ; celles-ci sont liées à une source de données. Lors de la fusion, une composition sera créée pour chaque enregistrement du fichier de données (une lettre pour chaque client, par exemple).*
- *Le type appelé* ***Publipostage électronique*** *permet d'envoyer des messages électroniques (e-mails).*
- *Le type appelé* ***Fusion de catalogue*** *permet de concevoir une même composition à partir de données situées dans une source de données : c'est le cas, par exemple, d'un catalogue de produits qui sera composé des images et références produits situées dans une base de données liée.*

Pour créer le mailing, vous pouvez suivre ou pas les étapes de l'Assistant Fusion et publipostage.

▷ Ouvrez ou créez la composition à partir de laquelle vous souhaitez réaliser le mailing (la lettre-type).

▷ Dans l'onglet **Publipostage**, ouvrez la liste associée au bouton **Fusion et publipostage**  puis cliquez sur **Assistant Fusion et publipostage pas à pas**.

Le volet ***Publipostage*** *apparaît à l'écran.*

Étape 1 : Créer une liste de destinataires

▷ Activez une des options :

- **Utiliser une liste existante** : pour sélectionner un fichier ou une base de données.
- **Utiliser les contacts Outlook** : pour sélectionner la liste des enregistrements à partir d'un dossier de contacts Outlook.
- **Créer une nouvelle liste** : pour saisir le contenu d'une nouvelle liste d'enregistrements (cf. 8.1 - C - Créer une liste de données).

▷ Cliquez sur le lien **Ensuite : Créez ou connectez-vous à une liste de destinataires**.

Si vous avez choisi l'option ***Utiliser une liste existante****, la boîte de dialogue* ***Sélectionner la source de données*** *apparaît.*

▷ Sélectionnez le **Type de fichiers** contenant votre liste d'adresses : ce peut être une base de données Access, un fichier Excel, un document Word, une liste d'adresses Publisher... Accédez au dossier où se trouve le fichier puis double cliquez sur le nom du fichier.

- S'il s'agit d'une base de données Access, sélectionnez la table contenant les données puis cliquez sur **OK**.

- S'il s'agit d'un fichier Excel :

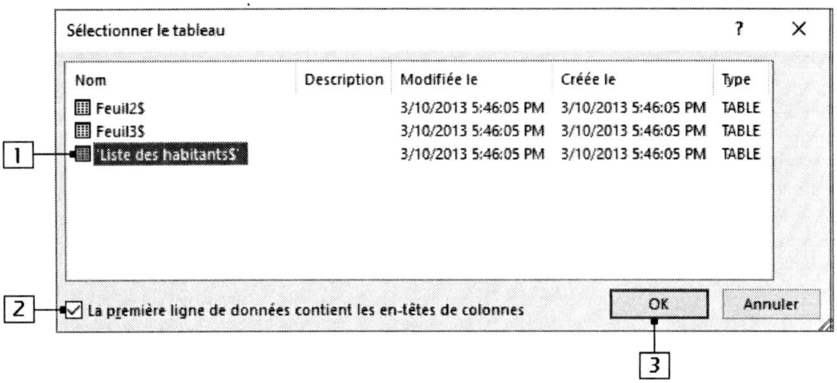

[1] Indiquez la feuille qui contient les données à utiliser.

[2] Indiquez si la première ligne de données contient les noms des champs (Nom, Prénom, Adresse...).

[3] Cliquez sur **OK**.

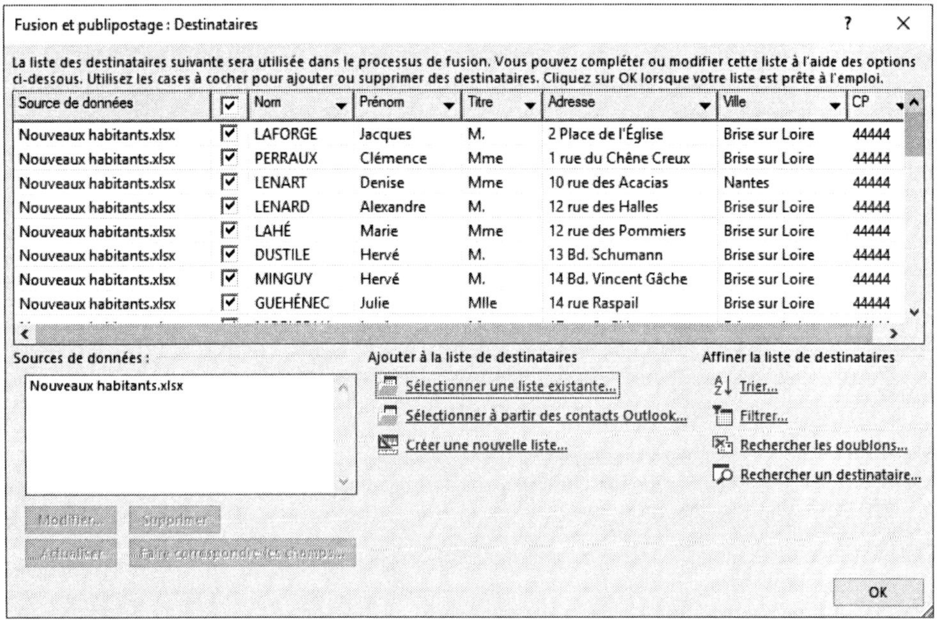

*Les enregistrements apparaissent dans une liste de destinataires. Le nom de la base de données ou du fichier Excel apparaît dans la liste **Sources de données**.*

▷ Cliquez sur **OK**.

Vous accédez à l'étape 2 du mailing.

Étape 2 : Préparer votre composition

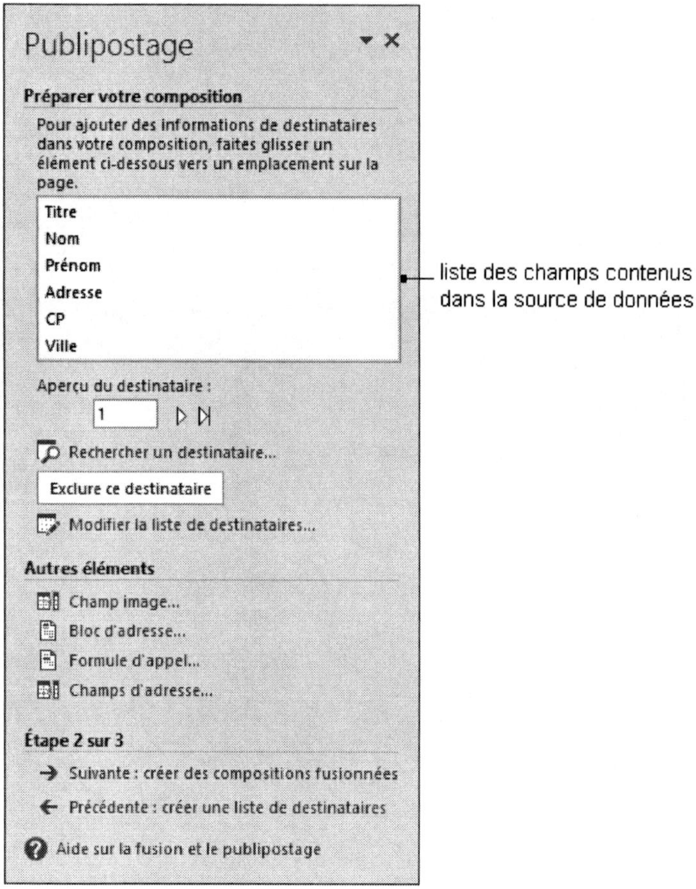

- Saisissez ou modifiez, si besoin est, le contenu du document principal (texte fixe).

  *Vous devez ensuite insérer les champs correspondant aux informations variables (nom, adresse...). Ces champs peuvent être insérés individuellement ou par groupe à l'aide des liens **Bloc d'adresse** et **Formule d'appel** du volet **Publipostage**.*

- Pour insérer un **Bloc d'adresse**, positionnez le point d'insertion où vous souhaitez placer l'adresse puis cliquez sur le lien correspondant du volet **Publipostage**.

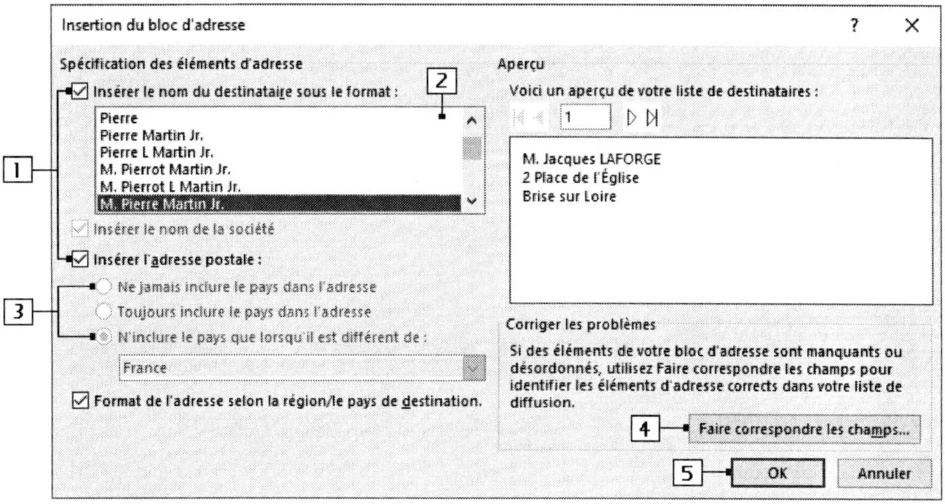

[1] Cochez les options correspondant aux informations que vous voulez insérer dans le bloc d'adresse.

[2] Sélectionnez le format pour le nom et prénom du destinataire.

[3] Indiquez s'il faut ou pas inclure le pays dans l'adresse.

[4] Si les noms des champs de la source de données ne sont pas standards, cliquez sur ce bouton pour indiquer à Publisher le nom du champ de la source de données correspondant à chaque information (le champ qui contient le nom, par exemple, peut s'appeler Nom mais il peut aussi s'appeler Nom client ou Adhérent...).

[5] Cliquez sur **OK**.

*Le champ **«BlocAdresses»** apparaît dans la composition.*

▷ Pour insérer une formule d'appel (par exemple, « Cher Monsieur Dupont »), positionnez le point d'insertion puis cliquez sur le lien correspondant du volet **Publipostage**.

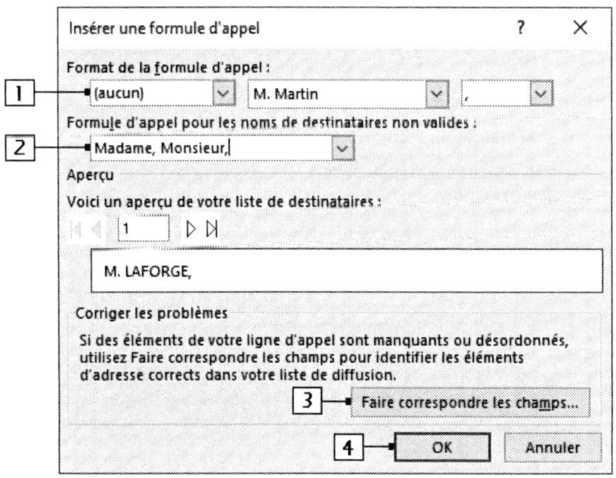

1 Sélectionnez les différents éléments de la phrase, en particulier, le format du nom du destinataire.

2 Sélectionnez ou modifiez le texte qui doit apparaître si les informations requises ne peuvent pas être insérées (si, par exemple, le nom du destinataire n'existe pas dans la source de données).

3 Comme pour le bloc d'adresse, utilisez ce bouton pour indiquer à Publisher le nom du champ de la source de données correspondant à chaque information.

4 Cliquez sur **OK**.

Le champ ***«FormuleAppel»*** *apparaît dans la composition.*

▷ Pour insérer un seul champ de la source de données, cliquez éventuellement dans une zone de texte à l'endroit où vous souhaitez insérer le champ :

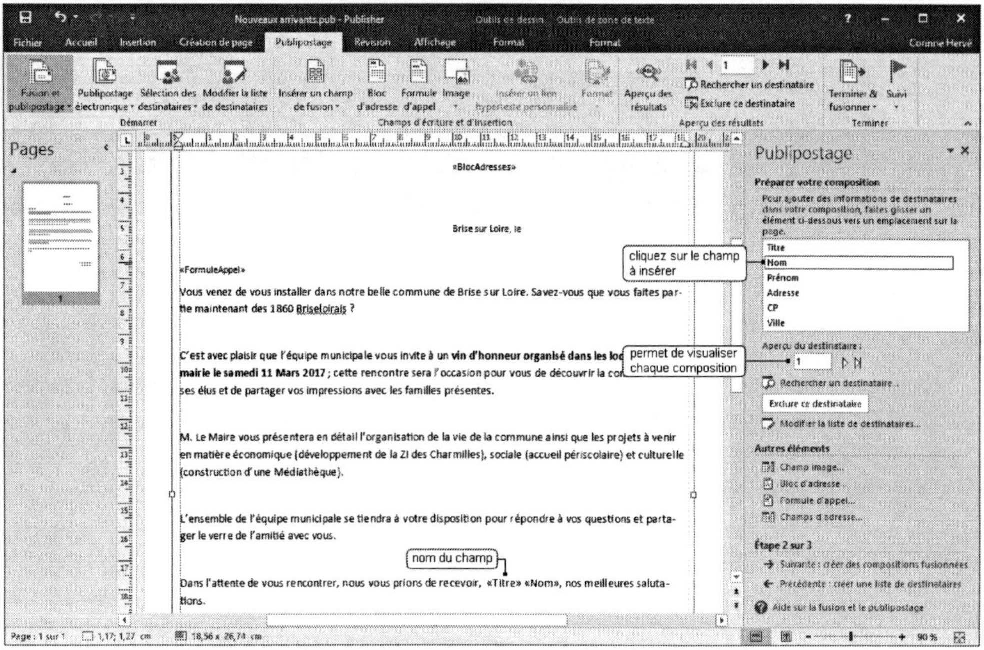

▷ Pour afficher les données au lieu des noms des champs, cliquez sur le bouton **Aperçu des résultats** de l'onglet **Publipostage**.

▷ Cliquez sur le lien **Suivante : créer des compositions fusionnées**.

Étape 3 : Créer des compositions fusionnées

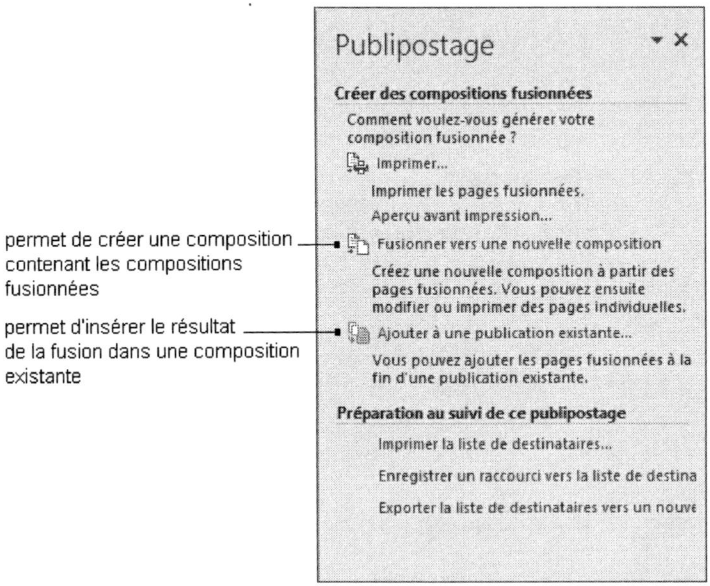

- ▷ Pour lancer l'impression, cliquez sur **Imprimer** ; dans la fenêtre d'impression, spécifiez les enregistrements à imprimer puis cliquez sur **Imprimer**.
- ▷ Enregistrez ensuite la composition puis fermez-la. Enregistrez, si besoin est, les modifications apportées à la source de données.
- ⇨ *Une fois la composition enregistrée, vous pourrez l'ouvrir puis relancer aussitôt le mailing, après avoir effectué ou pas des modifications, en cliquant sur le bouton **Terminer & fusionner** de l'onglet **Publipostage** ou en accédant à l'option **Imprimer** de l'onglet **Fichier**.*
- ⇨ *Pour créer des étiquettes de publipostage, créez une nouvelle composition basée sur un des modèles de la catégorie **Etiquettes** puis créez le mailing en suivant les différentes étapes de l'Assistant.*
- ⇨ *Pour créer un mailing sans utiliser l'Assistant, utilisez l'option **Fusion et publipostage** associée au bouton de même nom puis utilisez les différents boutons de l'onglet **Publipostage** pour réaliser les différentes étapes du mailing : **Sélection des destinataires**, **Insérer un champ de fusion**, visualiser l'**Aperçu des résultats** puis **Terminer & fusionner**.*

B- Modifier la composition utilisée pour le mailing

- ▷ Ouvrez la composition concernée.
- ▷ Indiquez si vous souhaitez conserver l'association avec la source de données.
- ▷ Si **Non**, vous pouvez créer un nouveau mailing à partir de cette composition en associant un nouveau fichier de données. Vous pouvez utiliser l'Assistant Fusion et publipostage ou utiliser le bouton **Sélection des destinataires**  puis l'option **Utiliser une liste existante** de l'onglet **Publipostage**.

Si **Oui**, vous pouvez apporter les modifications suivantes :

- Pour supprimer un champ, cliquez dessus et tapez Suppr.
- Pour insérer de nouveaux champs, utilisez le bouton **Insérer un champ de fusion** de l'onglet **Publipostage**.
- Pour associer la composition à une autre source de données, cliquez sur le bouton **Modifier la liste de destinataires**  de l'onglet **Publipostage**. Dans la zone **Sources de données**, cliquez sur la source de données puis cliquez sur **Supprimer**. Cliquez sur **OK** pour confirmer. Pour associer une nouvelle source de données, cliquez sur un des liens de la liste **Ajouter à la liste de destinataires**. Sélectionnez ensuite la nouvelle source de données ou saisissez les données si vous avez choisi de **Créer une nouvelle liste**. Les données apparaissent ensuite dans la liste des destinataires : cliquez sur **OK**.

⇨ *Vous pouvez aussi modifier, filtrer ou trier la source de données (cf. ci-après) ainsi qu'**Annuler la fusion** en activant l'option correspondante dans la liste associée au bouton **Sélection des destinataires**.*

C- Créer une liste de données

▷ Démarrez la conception du mailing. À l'étape 1, activez l'option **Créer une nouvelle liste** de la zone **Créer une liste de destinataires** puis cliquez sur le lien **Créez ou connectez-vous à une liste de destinataires**.

Si vous n'utilisez pas l'Assistant, cliquez sur le bouton **Sélection des destinataires** puis sur **Entrer une nouvelle liste**.

▷ Cliquez sur le bouton **Personnaliser colonnes** pour définir les champs de la nouvelle source de données : vous pouvez **Ajouter**, **Supprimer**, **Renommer** les champs et les déplacer dans la liste :

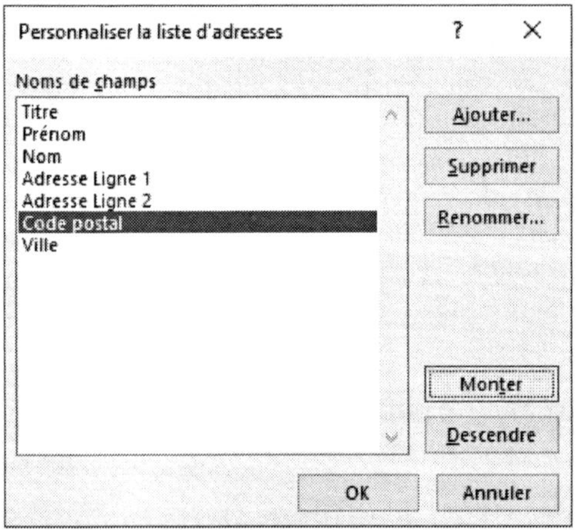

▷ Lorsque la structure du fichier de données est créée, cliquez sur le bouton **OK**.

▷ Pour chaque enregistrement, tapez les données en appuyant sur la touche ↹ pour atteindre la zone de saisie suivante et sur les touches ⇧ ↹ pour revenir à la zone de saisie précédente.

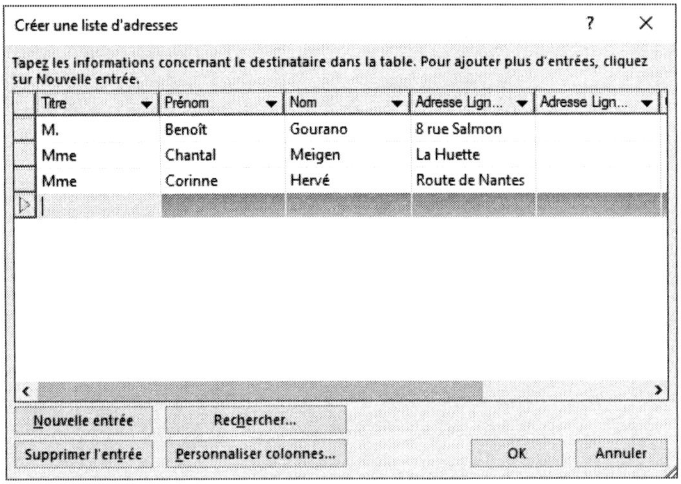

▷ Lorsque vous avez terminé de saisir les enregistrements, cliquez sur le bouton **OK**.

*La boîte de dialogue **Enregistrer une liste d'adresses** apparaît à l'écran.*

▷ Saisissez un nom de fichier pour la source de données dans la zone de saisie correspondante, choisissez le dossier d'enregistrement puis cliquez sur le bouton **Enregistrer**.

Le fichier créé est au format Microsoft Access : il possède l'extension mdb.

*La boîte de dialogue **Fusion et publipostage : Destinataires** apparaît à l'écran, vous permettant ainsi de visualiser la liste de données.*

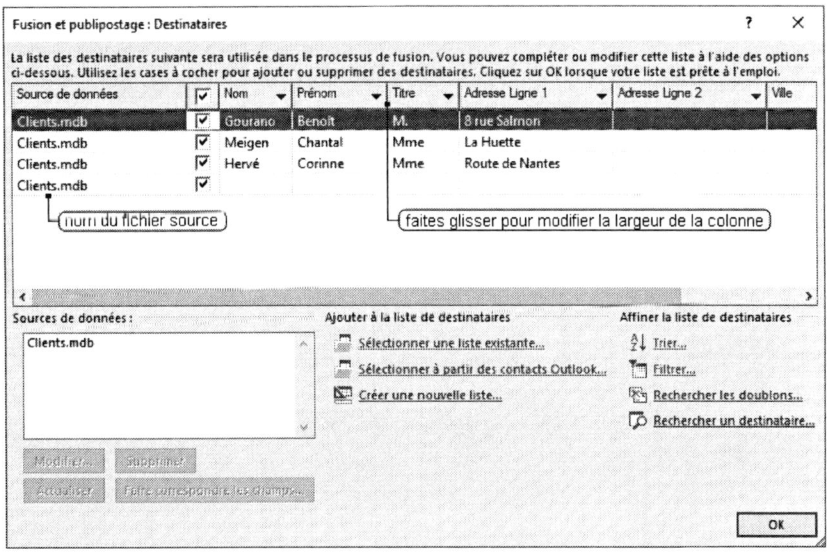

- Cliquez sur le bouton **OK**.

D- Créer un mailing de type Publipostage électronique à l'aide de l'Assistant

Il s'agit de créer un mailing pour envoi par messagerie électronique. Un logiciel de messagerie doit être installé sur l'ordinateur, la liste des destinataires peut être extraite de votre liste de contacts Outlook.

- Ouvrez ou créez la composition contenant le texte fixe du mailing (vous pouvez utiliser un des modèles prédéfinis de la catégorie **Messagerie**).
- Dans l'onglet **Publipostage**, cliquez sur le bouton **Publipostage électronique**  puis sur l'option **Assistant Publipostage électronique pas-à-pas**.
- Sélectionnez l'option correspondant à la source des données à utiliser. Pour utiliser la liste de vos contacts Outlook, activez l'option **Utiliser les contacts Outlook**.
- Cliquez sur le lien **Créez ou connectez-vous à une liste de destinataires**.
- Sélectionnez, si besoin est, un **Profil** Outlook puis cliquez sur **OK**.

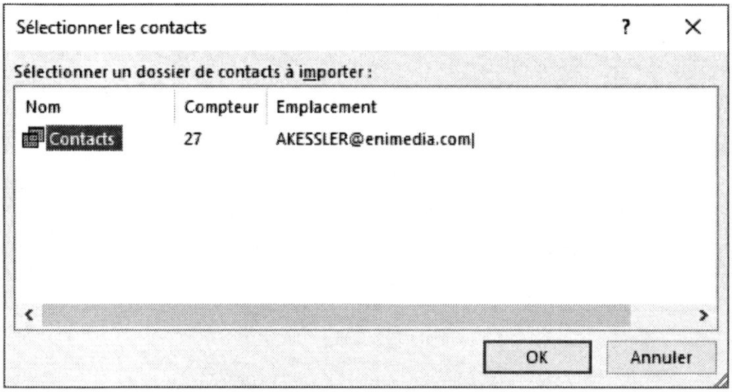

- Sélectionnez une liste de contacts puis cliquez sur **OK**.
- Triez ou filtrez si besoin est la liste de contacts puis cliquez sur **OK**.
- Insérez les différents champs dans la composition.
- Cliquez sur le lien **Suivante : créer des compositions fusionnées**.
- Pour visualiser un aperçu des messages, cliquez sur le lien **Aperçu du message électronique** puis sélectionnez, si besoin est, l'application à utiliser (par exemple, **Microsoft Edge**).

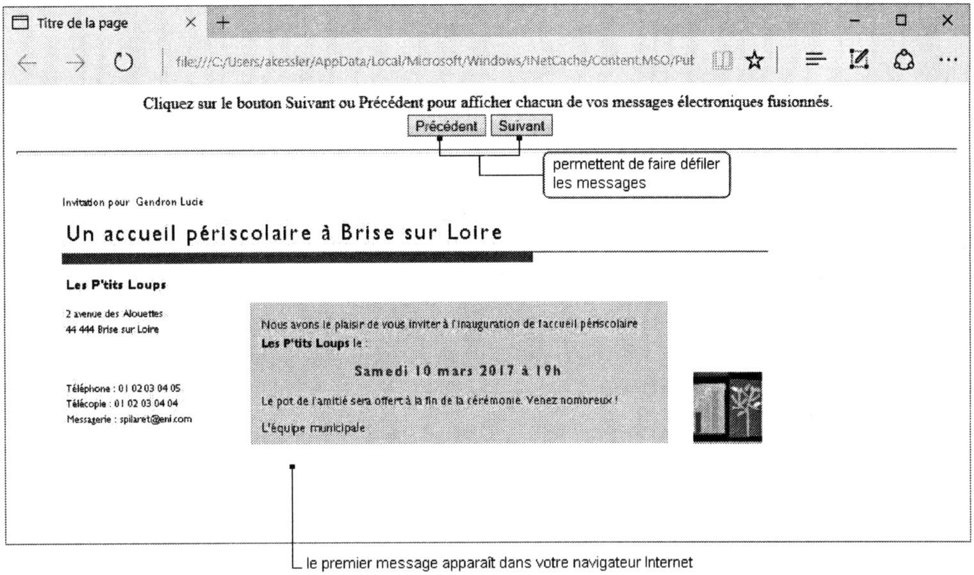

▷ Refermez la fenêtre du navigateur puis, dans le volet **Publipostage électronique**, cliquez sur le lien **Envoyer un message**.

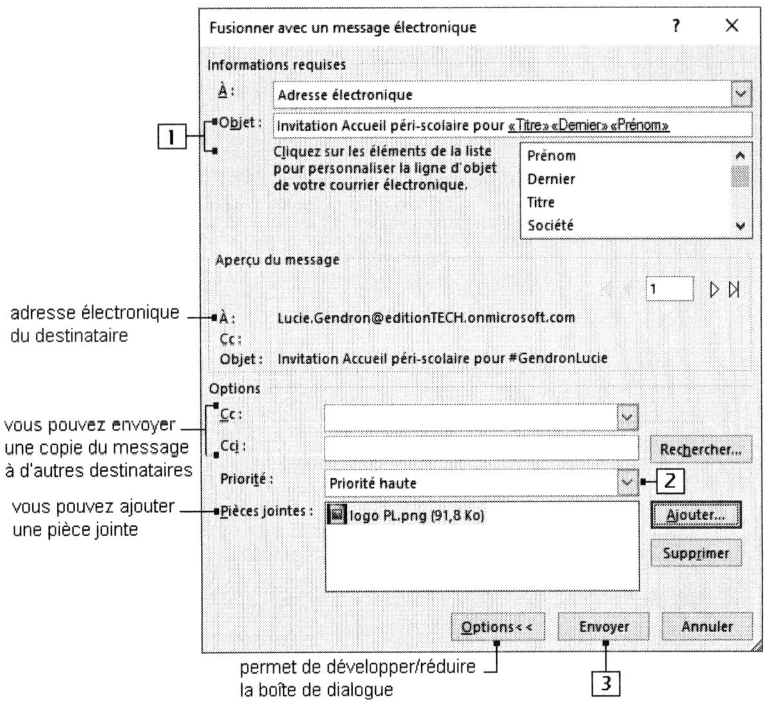

MAILING

[1] Précisez l'objet du message.

[2] Définissez la priorité du message.

[3] Envoyez le message.

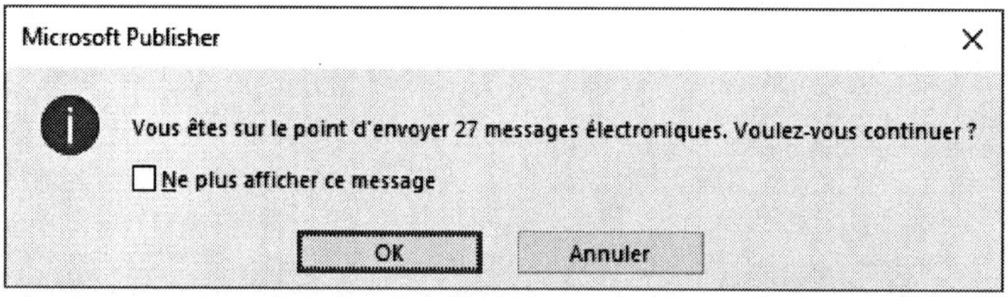

▷ Confirmez l'envoi par **OK**.

▷ Cliquez sur **OK**.

▷ Enregistrez la composition

8.2 La gestion des enregistrements

A- Gérer les enregistrements d'une source de données

Accéder à la table de saisie des enregistrements

▷ Ouvrez la composition utilisée pour le mailing en conservant l'association avec la source de données.

▷ Dans l'onglet **Publipostage**, cliquez sur le bouton **Modifier la liste de destinataires** . Si l'Assistant Publipostage est actif, vous pouvez aussi cliquer sur le lien **Modifier la liste de destinataires** situé à l'étape 1 du volet **Publipostage**.

▷ Sélectionnez la source de données puis cliquez sur le bouton **Modifier**.

Ajouter un enregistrement

▷ Accédez à la table de saisie.

▷ Cliquez sur le bouton **Nouvelle entrée**.

▷ Tapez les données du nouvel enregistrement puis, après avoir saisi le contenu du dernier champ, appuyez sur la touche pour saisir un nouvel enregistrement ou cliquez sur le bouton **OK** pour fermer la table de saisie.

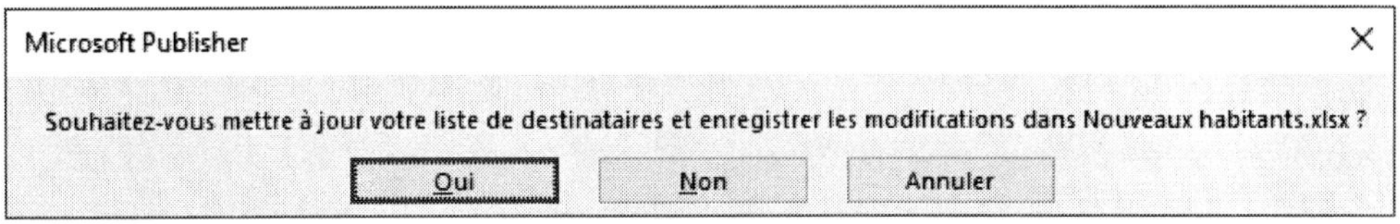

▷ Cliquez sur **Oui** pour mettre à jour la source de données.

▷ Cliquez sur le bouton **OK**.

Rechercher un enregistrement

▷ Cliquez sur le lien **Rechercher un destinataire** de la boîte de dialogue **Fusion et publipostage : Destinataires** ou sur le bouton **Rechercher** de la table de saisie des enregistrements.

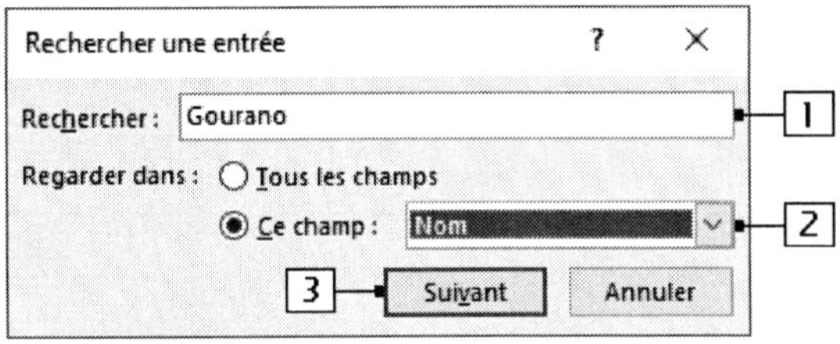

[1] Entrez la donnée que vous recherchez.

[2] Sélectionnez le champ dans lequel cette donnée doit être recherchée.

[3] Lancez puis poursuivez la recherche.

⇨ *Le lien **Rechercher des doublons** de la boîte de dialogue **Fusion et publipostage : Destinataires** permet de rechercher les enregistrements en double.*

Modifier un enregistrement

▷ Accédez à la table de saisie des enregistrements.

▷ Accédez à l'enregistrement concerné puis effectuez vos modifications.

▷ Cliquez sur le bouton **OK** puis sur le bouton **Oui** pour mettre à jour la source de données.

⇨ *Le bouton **Supprimer l'entrée** de la table de saisie permet de supprimer l'enregistrement affiché (seuls les enregistrements des listes de données que vous avez créées peuvent être supprimés).*

B- Trier une source de données

Effectuer un tri simple

Il s'agit de trier selon un seul champ (le nom, par exemple).

▷ À partir de la composition utilisée pour réaliser le mailing, cliquez sur le bouton **Modifier la liste de destinataires** de l'onglet **Publipostage**.

▷ Cliquez sur l'en-tête de la colonne correspondant au champ en fonction duquel vous souhaitez trier. Pour trier par ordre décroissant, cliquez de nouveau sur l'en-tête de colonne.

▷ Cliquez sur **OK** pour refermer la boîte de dialogue.

L'ordre des compositions fusionnées est automatiquement modifié.

Effectuer un tri selon plusieurs clés de tri

▷ Dans la boîte de dialogue **Fusion et publipostage : Destinataires**, cliquez sur le lien **Trier** visible dans la zone **Afficher la liste de destinataires**.

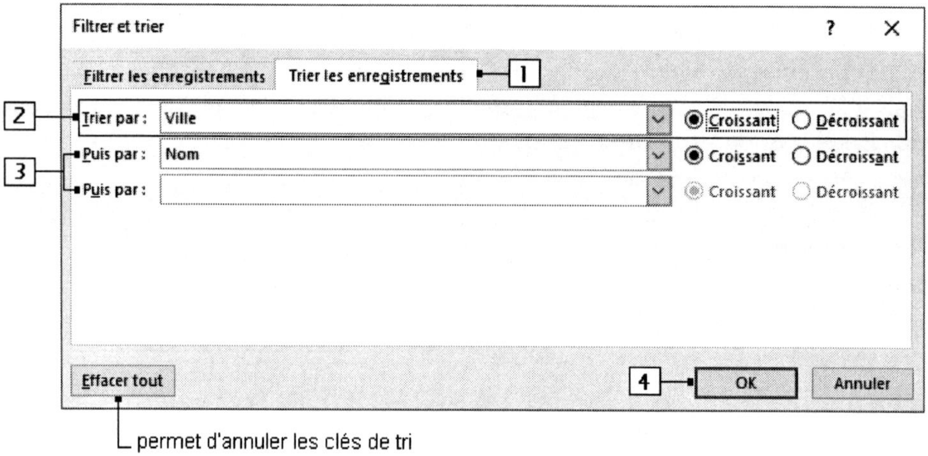

[1] Cliquez sur l'onglet **Trier les enregistrements**.

[2] Sélectionnez le champ en fonction duquel vous souhaitez trier puis précisez si l'ordre de tri doit être **Croissant** ou **Décroissant**.

[3] Si plusieurs enregistrements risquent d'avoir la même valeur de clé de tri, indiquez une seconde clé de tri puis éventuellement une troisième clé de tri.

[4] Cliquez sur le bouton **OK**.

*La liste triée apparaît dans la boîte de dialogue **Fusion et publipostage : Destinataires**.*

C- Limiter la fusion à quelques enregistrements

Exclure un ou plusieurs enregistrements

▷ Dans la boîte de dialogue **Fusion et publipostage : Destinataires**, décochez la case située sur la gauche des enregistrements que vous souhaitez exclure de la fusion.

▷ Pour exclure tous les enregistrements, cliquez sur la case située à droite du nom de la source de données. Pour les réintégrer tous, cliquez de nouveau sur cette case.

Filtrer les enregistrements sur une valeur d'un ou plusieurs champs

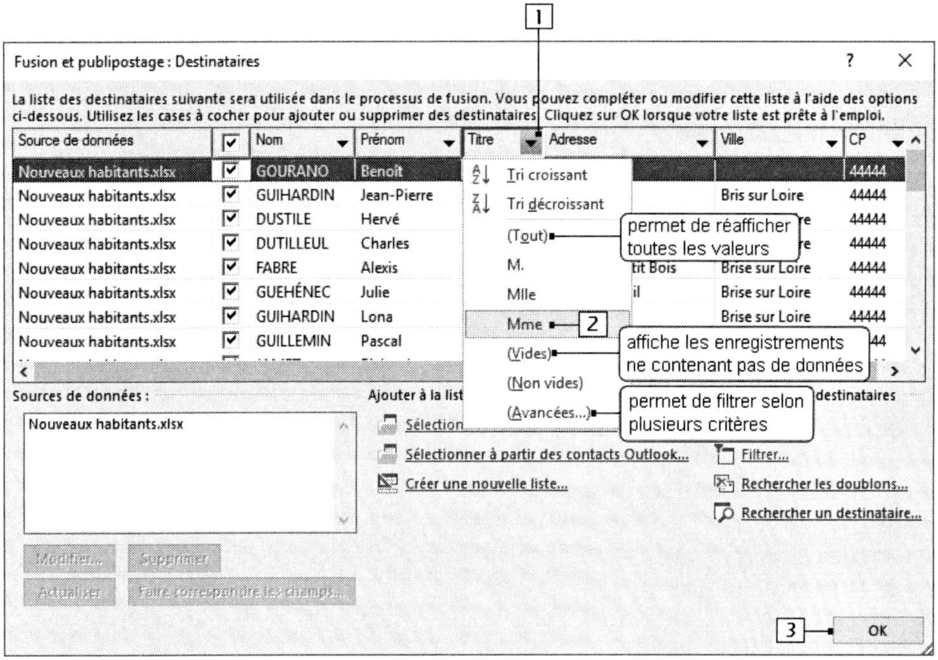

[1] Ouvrez la liste associée au champ concerné.

[2] Cliquez sur la donnée en fonction de laquelle vous souhaitez filtrer les enregistrements.

[3] Cliquez sur **OK**.

D- Imprimer la liste des enregistrements

▷ Dans l'onglet **Publipostage**, cliquez sur le bouton **Suivi** puis sur l'option **Imprimer la liste des destinataires**.

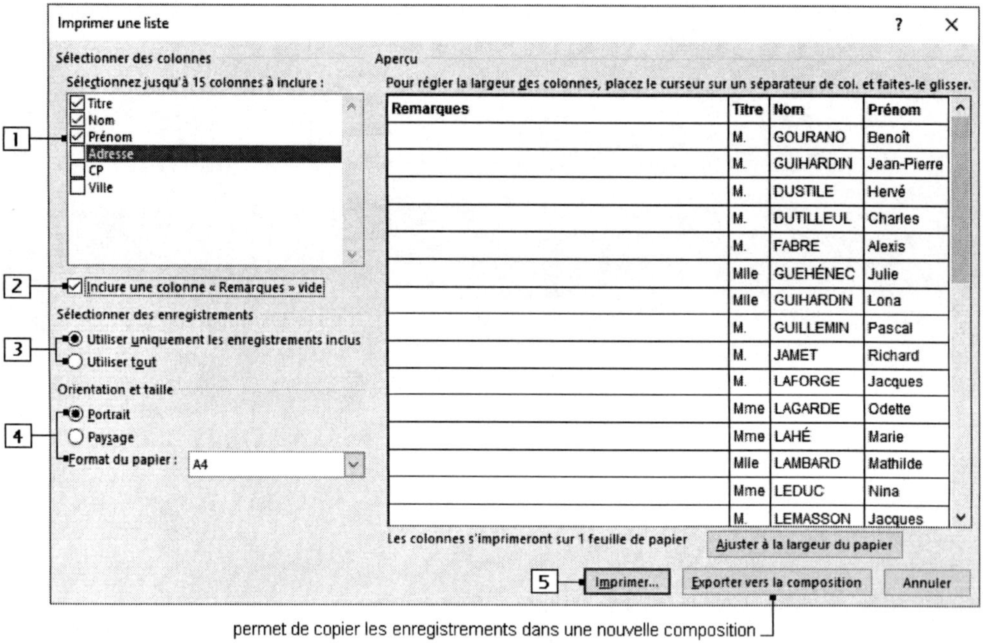

1 Cochez les champs à imprimer.

2 Souhaitez-vous insérer une colonne **Remarques** à gauche du premier champ ?

3 Indiquez s'il faut imprimer tous les enregistrements ou seulement ceux des compositions fusionnées.

4 Définissez l'orientation de l'impression et le format du papier.

5 Cliquez sur le bouton **Imprimer** puis lancez l'impression.

▷ *Pour exporter uniquement les enregistrements correspondant aux compositions fusionnées, dans l'onglet **Publipostage**, cliquez sur le bouton **Suivi** puis sur l'option **Exporter la liste des destinataires vers un nouveau fichier** (étape 3).*

9.1 Exportation d'une composition

A- Exporter le texte d'une composition

Il s'agit d'enregistrer l'intégralité du texte créé dans une composition Publisher afin qu'il puisse être géré par un traitement de texte comme Word, par exemple.

▷ Cliquez sur l'onglet **Fichier** puis sur **Enregistrer sous**.

▷ Sélectionnez le lieu d'enregistrement (espace **OneDrive** ou **Ce PC**) puis cliquez, si besoin est, sur **Parcourir** pour sélectionner le dossier d'enregistrement.

▷ Choisissez un format de fichier dans la liste **Type** ; choisissez **Format RTF** ou **Texte brut** pour pouvoir exploiter ce texte dans n'importe quel éditeur de texte ; mais, vous pouvez aussi choisir d'exporter au format Word.

Contrairement au format Texte brut, le format RTF permet de conserver les mises en valeur du texte.

▷ Cliquez sur le bouton **Enregistrer** puis sur **OK** pour confirmer.

B- Enregistrer une composition au format PDF ou XPS

Les formats de fichier PDF et XPS sont des formats de fichier qui permettent la diffusion de documents électroniques. Un utilisateur peut afficher, partager et imprimer des fichiers PDF s'il dispose du logiciel Acrobat Reader (disponible gratuitement sur le site web d'Adobe) et des fichiers XPS s'il dispose de Microsoft .NET Framework (disponible gratuitement sur le site Microsoft). Le format PDF peut être utilisé pour transmettre votre composition à l'imprimeur.

▷ Cliquez sur l'onglet **Fichier** puis sur l'option **Exporter**.

▷ Veillez à ce que l'option **Créer un document PDF/XPS** soit sélectionnée puis cliquez sur le bouton **Créer PDF/XPS**.

▷ Modifiez éventuellement le dossier d'enregistrement puis le **Nom de fichier**.

▷ Ouvrez la liste **Type** puis, en fonction du type de fichier à créer, sélectionnez l'option **PDF** ou l'option **Document XPS**.

▷ Cochez l'option **Ouvrir le fichier après la publication** si vous souhaitez ouvrir le fichier (**PDF** ou **XPS**) immédiatement après l'avoir enregistré.

▷ Modifiez éventuellement les **Options** associées au format **PDF** ou **XPS** en cliquant sur le bouton correspondant.

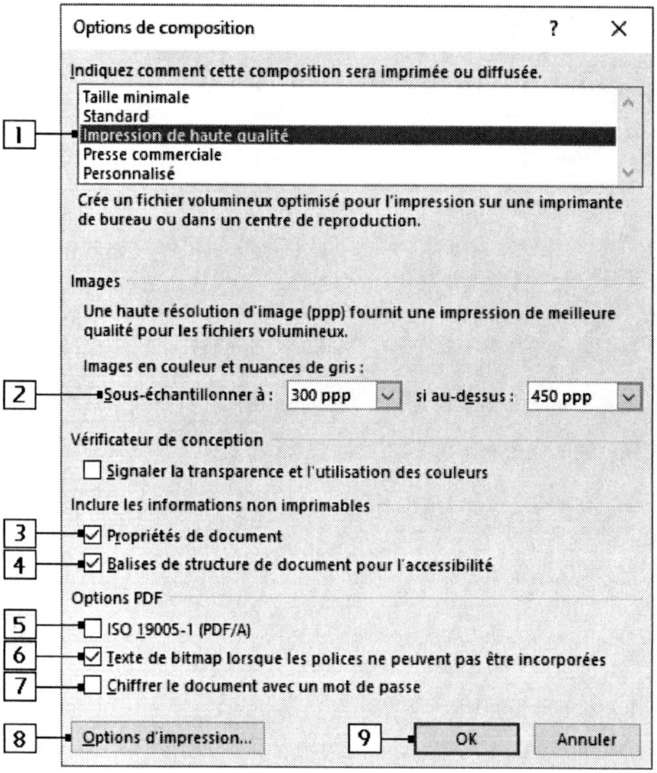

1 Choisissez une des options de la liste déroulante selon la qualité souhaitée pour le PDF ou XPS créé.

2 Modifiez, si besoin est, la résolution des images.

3 Pour enregistrer les propriétés du document, veillez à ce que cette option soit cochée.

4 Gardez cette option cochée si vous souhaitez que le fichier créé contienne les données contribuant à améliorer l'accessibilité pour les utilisateurs souffrant d'un handicap et qui utilisent un matériel spécifique.

5 Cochez cette option pour que le fichier PDF soit enregistré selon cette norme.

6 Cochez cette option si vous souhaitez que les polices soient remplacées par des représentations bitmap afin d'obtenir une présentation la plus proche possible du document d'origine. Dans le cas contraire, si certaines polices ne sont pas disponibles sur l'ordinateur sur lequel sera lu le fichier PDF, celles-ci seront remplacées par d'autres polices.

7 Cochez cette option si vous souhaitez associer un mot de passe au document PDF ; le mot de passe sera nécessaire pour ouvrir le document PDF.

8 Utilisez ce bouton pour définir les pages à enregistrer dans le fichier PDF.

9 Cliquez sur **OK**.

- Dans le cas de l'enregistrement d'un document au format PDF, si vous avez coché l'option **Chiffrer le document avec un mot de passe**, la boîte de dialogue **Chiffrer le document PDF** s'affiche à l'écran : saisissez le **Mot de passe** puis retapez le mot de passe dans la zone de saisie correspondante, validez par le bouton **OK**.
- Cliquez sur le bouton **Publier** de la boîte de dialogue **Publier comme PDF ou XPS**.

C- Enregistrer une composition sous forme de page web

Cette composition pourra être publiée sur un serveur pour être accessible par l'intermédiaire d'un navigateur web.

- Ouvrez la composition concernée.
- Dans l'onglet **Fichier**, cliquez sur **Exporter**.
- Cliquez sur le bouton **Publier le fichier HTML**.

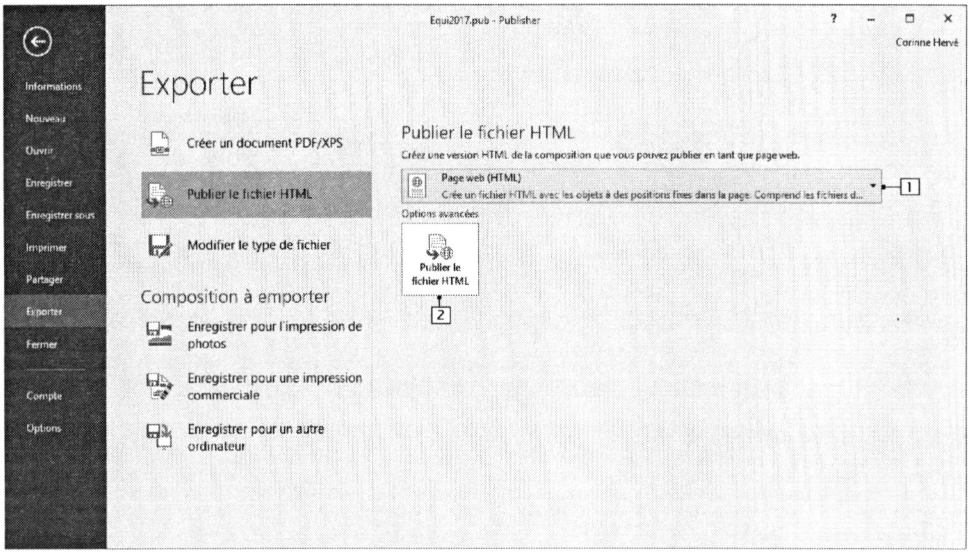

[1] Choisissez le type de page web à créer.

Page web (HTML) : pour enregistrer le fichier au format html, les images et les objets multimédias de la page sont enregistrés dans un dossier spécial, appelé dossier de fichiers de prise en charge, portant le nom du fichier html suivi de **fichiers**.

Page web à fichier unique (MHTML) : un seul fichier sera créé dans un format spécifique aux documents Microsoft.

[2] Cliquez sur le bouton **Publier le fichier HTML**.

Le nom de fichier proposé par défaut est index : c'est le nom généralement attribué à la page d'accueil d'un site web.

- Sélectionnez le dossier d'enregistrement puis cliquez sur le bouton **Enregistrer**.

⇨ *Si vous faites un double clic sur le fichier html créé, il s'ouvrira dans votre navigateur web (Microsoft Edge, par exemple). Si vous avez enregistré au format HTML, un dossier nommé index_fichiers a été créé : il contient les images et les différentes pages de la composition. Si la composition d'origine possédait plusieurs pages, c'est la première page qui apparaît lorsque vous ouvrez le fichier html. Pour pouvoir accéder aux autres pages, il est nécessaire d'avoir, au préalable, inséré des liens hypertextes qui permettent la navigation entre les différentes pages.*

D- Compresser une composition

Cette manipulation permet la compression de la composition et de ses fichiers associés (images, objets...). Vous pourrez ainsi la transférer plus facilement sur un autre ordinateur ou chez votre imprimeur.

Pour transmettre à un site d'impression de photos

Chaque page de la composition est enregistré au format JPEG et pourra être facilement transmise à un site d'impression de photos en ligne.

▷ Cliquez sur l'onglet **Fichier** puis sur **Exporter**.

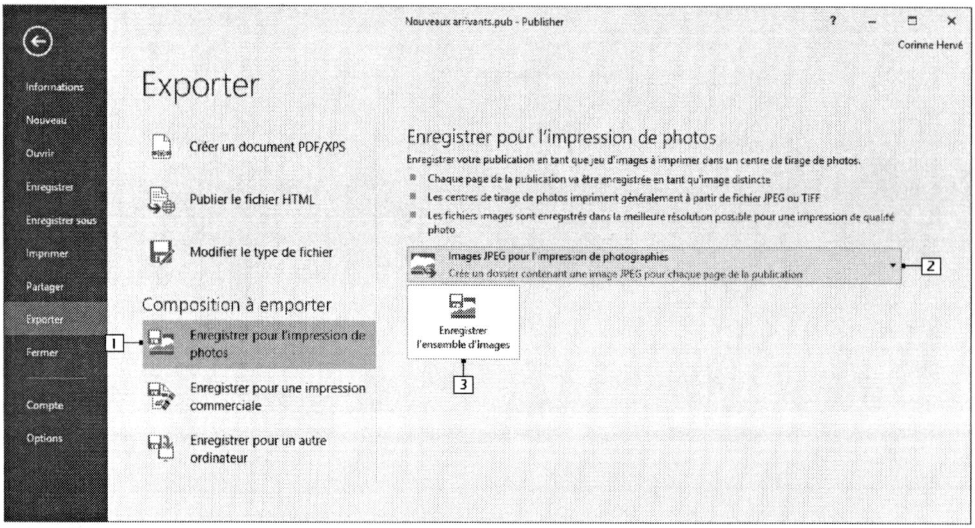

[1] Cliquez sur le bouton **Enregistrer pour l'impression de photos**.

[2] Choisissez le format des images : JPEG ou TIFF.

[3] Cliquez sur le bouton **Enregistrer l'ensemble d'images**.

▷ Accédez au dossier qui va contenir les images puis cliquez sur **Sélectionner un dossier**.

Un dossier comportant le nom de la composition est créé, il contient chaque page de la composition au format JPEG ou TIFF.

Pour transmettre à un imprimeur

La composition sera compressée au format zip ; le dossier créé pourra contenir le fichier PDF et le fichier .pub de la composition.

▷ Cliquez dans l'onglet **Fichier** puis sur **Exporter**.

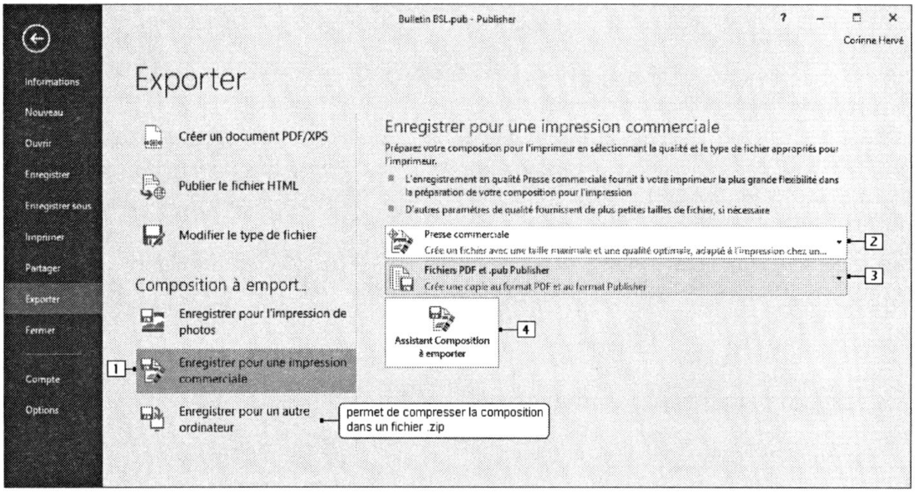

[1] Cliquez sur **Enregistrer pour une impression commerciale**.

[2] Cliquez sur le bouton **Presse commerciale** pour définir la qualité du fichier créé.

[3] Utilisez le bouton **Fichiers PDF et .pub Publisher** pour indiquer si vous souhaitez créer un fichier PDF et/ou un fichier Publisher.

[4] Cliquez sur le bouton **Assistant Composition à emporter**.

▷ Cliquez sur le bouton **Parcourir** pour sélectionner le dossier d'enregistrement puis cliquez sur le bouton **Suivant**.

Certains messages peuvent apparaître s'il manque des éléments tels qu'une image liée ou une police :

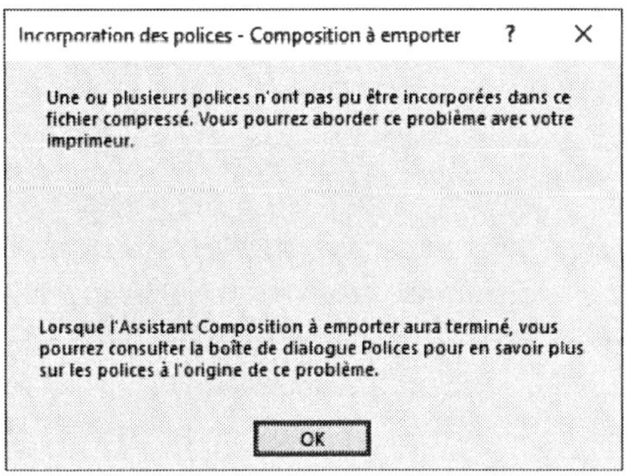

▷ Décochez éventuellement l'option **Imprimer une épreuve couleurs** puis cliquez sur **OK**.

⇨ *Pour décompresser la composition, il suffit de faire un double clic sur le fichier .zip à partir de l'Explorateur Windows.*

E- Envoyer une composition par messagerie électronique

Cette manipulation suppose qu'un logiciel de messagerie (par exemple, Outlook) soit installé sur votre ordinateur.

▷ Dans l'onglet **Fichier**, cliquez sur **Partager**.

▷ Dans la partie droite de la fenêtre, cliquez sur le bouton correspondant à la façon dont vous souhaitez envoyer la composition : la page active dans le corps du message (**Envoyer la page active**) ou bien toute la composition en tant que pièce jointe au format Publisher (**Envoyer en tant que pièce jointe**), PDF ou XPS.

Le logiciel de messagerie est lancé.

Si vous avez choisi d'envoyer la page active dans le corps du message, une barre d'outils spécifique apparaît dans l'application Publisher, le contenu de la composition apparaît dans le corps du message :

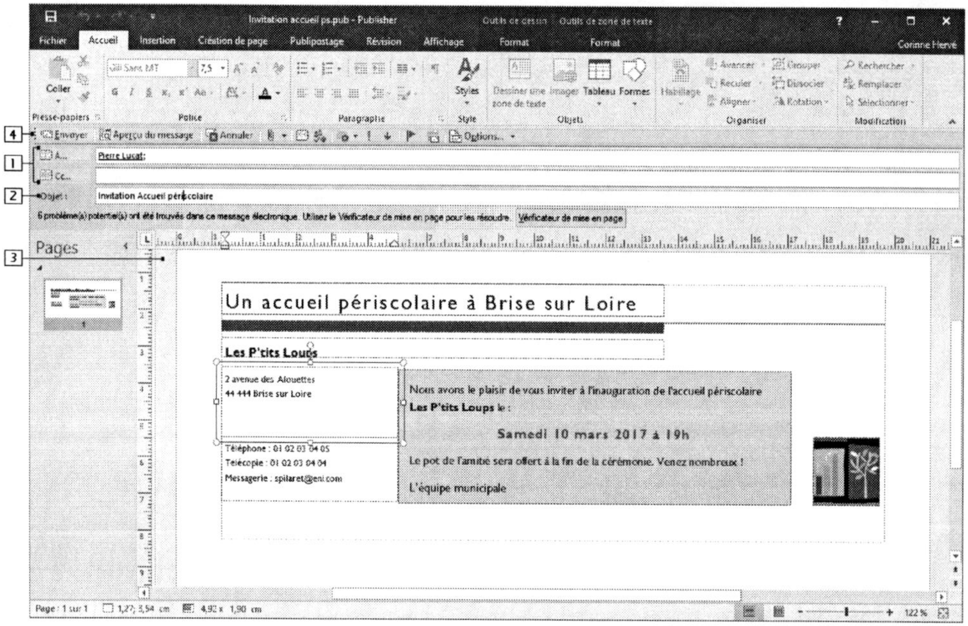

[1] Indiquez la/les adresse(s) du/des destinataire(s) du message et de la copie conforme dans les zones **À** et **Cc**.

[2] Saisissez l'**Objet** du message.

[3] Tapez, si besoin, un message accompagnant.

[4] Envoyez le message.

9.2 Comptes utilisateur

A- Gérer les comptes utilisateur

Afin de disposer d'un accès à l'espace de stockage en ligne OneDrive, vous devez disposer d'un compte utilisateur Microsoft ; si vous avez démarré votre ordinateur avec les identifiants de ce compte, vous disposerez automatiquement des services Microsoft associés lorsque vous lancerez une application Office. Si vous avez démarré votre ordinateur avec un compte local (identifiants utilisés dans votre entreprise par exemple), vous devrez vous connecter pour bénéficier de ces services via le lien ***Connexion*** *qui apparaît dans le coin supérieur droit de la fenêtre (cf. sous-titre Connecter un compte Microsoft).*

Connecter un compte Microsoft

Vous devez disposer d'une adresse Hotmail ou Outlook (sous la forme nom@hotmail.fr ou nom@outlook.com) ; si ce n'est pas le cas, vous aurez la possibilité de créer l'adresse lors de cette procédure.

▷ Cliquez sur le lien **Connexion** situé dans le coin supérieur droit de la fenêtre Publisher.

Ce lien apparaît si aucune connexion n'existe.

▷ Saisissez l'adresse e-mail du compte à connecter puis cliquez sur **Suivant**.

▷ Saisissez le mot de passe du compte puis cliquez sur **Se connecter**.
Votre nom d'utilisateur apparaît en haut à droite (avec une éventuelle photo) : vous pouvez maintenant accéder à l'espace de stockage OneDrive associé à ce compte.

▷ Pour activer un autre compte, cliquez sur le nom d'utilisateur visible dans le coin supérieur droit de la fenêtre puis sélectionnez l'option **Changer de compte**.

- Pour déconnecter le compte actif, cliquez sur l'onglet **Fichier** puis sur l'option **Compte**. Cliquez sur le lien **Déconnexion** visible dans la zone **Informations sur l'utilisateur**. Confirmez la déconnexion du compte en cliquant sur le bouton **Oui**.

Personnaliser un compte

Il s'agit ici de modifier l'arrière-plan de la fenêtre des applications Office, la couleur du thème, la photo associée à votre compte ainsi que vos coordonnées et les informations personnelles du compte.

- Si besoin, connectez-vous au compte que vous souhaitez personnaliser.
- Dans l'onglet **Fichier**, cliquez sur l'option **Compte**.

  Vous pouvez aussi cliquer sur le nom d'utilisateur visible dans le coin supérieur droit de la fenêtre puis cliquer sur le lien ***Paramètres du compte****.*
- Pour modifier l'arrière-plan des applications Office (bandeau en haut de la fenêtre), sélectionnez une des options proposées dans la liste **Arrière-plan d'Office** du volet central ; si vous ne souhaitez pas appliquer d'arrière-plan, choisissez l'option **Aucun arrière-plan**.
- Pour modifier le modèle de couleurs de la fenêtre, choisissez une des options proposées dans la liste **Thème Office** : **En couleur**, **Gris foncé** ou **Blanc**.
- Pour modifier le nom d'utilisateur de votre compte, vos informations personnelles, vos coordonnées ou la photo associée à votre compte, cliquez sur le lien **Changer la photo** ou **À propos de moi** situé dans la zone **Informations sur l'utilisateur** ; vous pouvez aussi cliquer sur le nom d'utilisateur visible dans le coin supérieur droit de la fenêtre puis cliquer sur le lien **Modifier la photo** ou **Informations personnelles**.

  Votre navigateur se lance et, quelle que soit l'option choisie, vous êtes automatiquement dirigé vers la page de connexion à votre compte.

  Saisissez vos informations d'identification puis cliquez sur le bouton **Se connecter**.

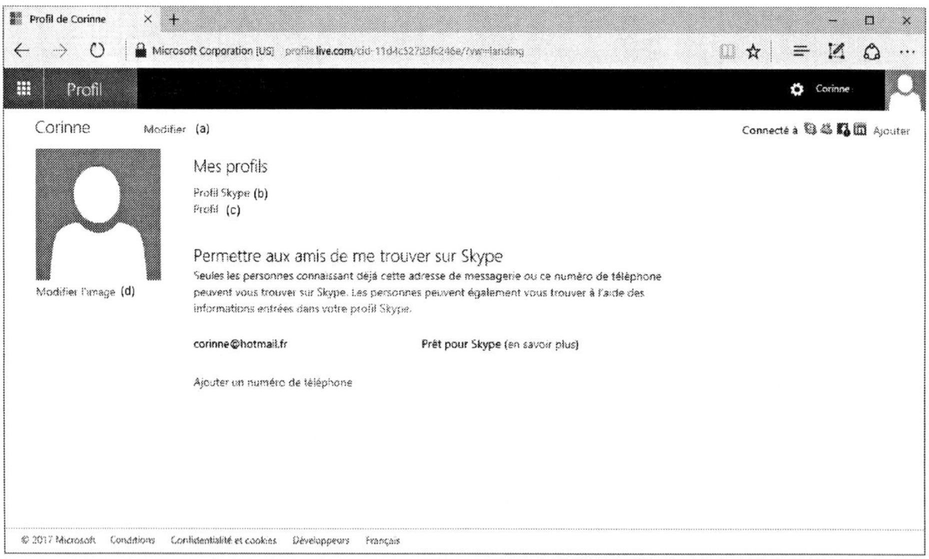

▷ Vous pouvez :

(a) modifier le nom d'utilisateur de votre compte.

(b) modifier vos informations Skype.

(c) modifier vos coordonnées.

(d) ajouter ou modifier la photo associée à votre compte.

▷ Déconnectez-vous éventuellement de votre page **Profil** (cliquez sur votre nom en haut à droite puis cliquez sur **Déconnexion**) puis revenez à la fenêtre de l'application Publisher.

B- Connecter des services à Office

Une fois la connexion avec un compte établie, vous pouvez ajouter (connecter) des services afin de les associer à ce compte comme, par exemple, votre espace de stockage OneDrive, Facebook pour Office, LinkedIn ou encore YouTube ; vous pourrez ainsi y accéder quels que soient l'application ouverte et le poste de travail sur lequel vous travaillez.

▷ Si besoin, connectez-vous au compte pour lequel vous souhaitez ajouter des services.

▷ Cliquez sur l'onglet **Fichier** puis sur l'option **Compte**.

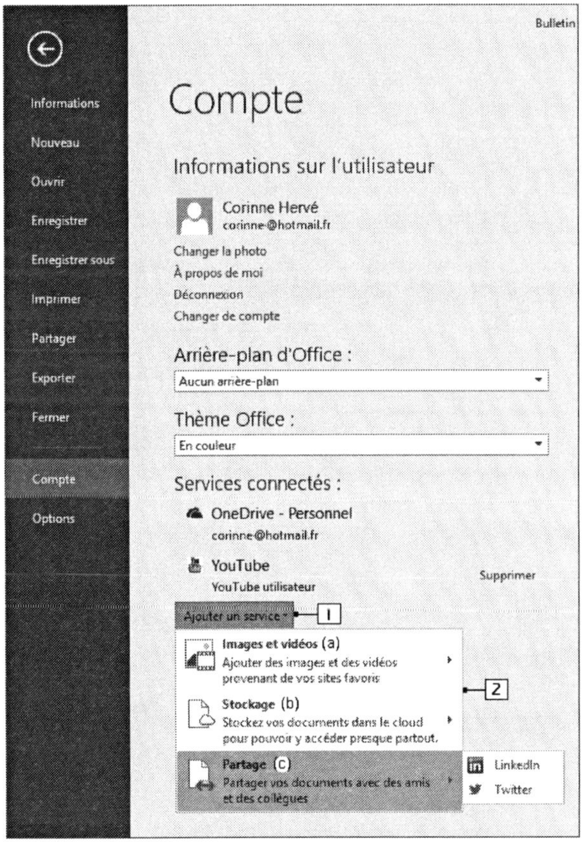

[1] Dans la zone **Services connectés** du volet central, cliquez sur le bouton **Ajouter un service**.

[2] Cliquez sur :

(a) pour ajouter **Facebook**, **Flickr** ou **YouTube**.
(b) pour ajouter un emplacement OneDrive ou Office 365 SharePoint.
(c) pour ajouter **LinkedIn** ou **Twitter**.

▷ Si besoin, connectez-vous au service que vous avez choisi d'ajouter en saisissant vos informations d'identification.

Une fois le service ajouté, celui-ci est visible dans la liste des services connectés.

⇨ *Pour modifier les paramètres de connexion entre votre compte Microsoft et votre compte connecté, cliquez sur le lien* ***Gérer****. Vous pouvez supprimer un service à l'aide du lien correspondant.*

A

B

C

P

R

W

X

Z